AF186647

Hauptsache wir bleiben zusammen

Eine wahre Geschichte

von

Malika Faiza

Bibliografische Informationen der Deutschen Bibliothek
Die Deutsche Bibliothek verzeichnet diese Publikation in der
Deutschen Nationalbibliografie;
detaillierte bibliografische Daten sind im Internet über
http://dnb.ddb.de abrufbar.

1. Auflage 2019
Copyright Malika Faiza
Herstellung und Verlag:
BoD - Books on Demand, Norderstedt
Umschlagsgestaltung:
BoD - Books on Demand, Norderstedt
Covergrafik: KieferPix/ Shutterstock.com

ISBN – 978-3-7494-9824-6

*Eines Tages, so bitte glaube daran,
wirst du in die Arme fallen, die sich
anfühlen werden, als wärst du endlich
zu Hause angekommen. Du wirst nie
wieder Angst haben zu lieben und
geliebt zu werden. All deine Ängste
werden verschwinden und die
Dunkelheit in deinem Leben wird nicht
mehr existieren.*

Inhalt

Kapitel 1

Die Verhaftung

Ich konnte kaum schlafen und war schon die ganze Nacht sehr unruhig. Mein Mann lag schnarchend neben mir, und unser zwei jähriger Sohn Ramin schlief friedlich in seinem Kinderbett.

In dieser Nacht habe ich mehrere Male auf die auf die Uhr geschaut und mich um 1 Uhr 30 entschlossen aufzustehen, weil ich nicht einschlafen konnte. Ich bin langsam und vorsichtig aufgestanden, um meinen Sohn und meinen Mann nicht zu wecken, habe mir meinen Morgenmantel angezogen und bin aus dem Schlafzimmer gegangen. Hinter mir habe ich langsam und leise die Zimmertür geschlossen und bin in die Küche, um ein Glas Wasser zu trinken. Kalter Rauch, der in der Luft stand, schlug mir widerwärtig entgegen. Mein Mann rauchte immer wieder in der Küche, obwohl ich das nicht wollte. Ich ärgerte mich wie so oft, und mir wurde schlecht. Die Abneigung meinem Mann gegenüber wurde nicht nur dadurch immer größer, und in mir kochte die Wut über mich selbst.

Ich setzte mich an den Tisch und hing müde meinen Gedanken nach. Es war kaum zu glauben, dass ich mich so in einem Menschen getäuscht hatte. Unerwartet, und ohne es genau erklären zu können, spürte ich in mir, dass sich heute Nacht noch etwas ereignen würde, was mein Leben auf Jahre verändern sollte.

Plötzlich hörte ich ein Geräusch und dachte, mein Mann wäre wach geworden. Ich befürchtete sofort, er würde mich wie immer zur Rede stellen und mich rechtfertigen zu müssen, was ich hier tue.

11

Angst kam in mir auf, mal wieder einem seiner vielen Wutausbrüche ausgeliefert zu sein.

Nach einem kurzen Moment bemerkte ich, dass die Geräusche nicht von der Schlafzimmertür kamen. Ich stand auf, und mein Herz begann zu rasen. Da die Küchentür offenstand, konnte ich einen prüfenden Blick in den Flur werfen. Und in derselben Sekunde hörte ich, wie die Eingangstür mit einem Schlüssel geöffnet wurde.

Wie erstarrt stand ich da, und mir war sofort klar, dass es jetzt soweit war.

Fünf Polizisten stürmten vehement die Wohnung. Einer kam geradeaus auf mich zu und hielt mich sofort fest. Die anderen Polizisten verteilten sich schnell in alle anderen Räume der Wohnung.

Mir wurde erklärt, dass es eine Hausdurchsuchung geben werde, und man hielt mir ein entsprechendes Papier vor mein Gesicht. Zwei Polizisten stürmen in unser Schlafzimmer, überraschten meinen Mann im Schlaf und drückten ihn auf das Bett nieder. Während ich weiterhin festgehalten wurde, wurde mein Mann gewaltsam aus dem Schlafzimmer in die Küche gezerrt und mit Handschellen an die Küchenheizung gefesselt.

Da alles so schnell ging, konnte ich der Situation kaum folgen. Trotzdem registrierte ich jeden einzelnen Schritt und wusste genau, was hier geschah und weiter geschehen würde. Ich erlebte die Situation wie in einem Déjà-vu, da ich nicht das erste Mal in einer derart schrecklichen Lage war; trotzdem war es wie in einem Film.

Ich war sehr aufgeregt und stand völlig neben mir. Im Gegenzug konnte ich bei meinem Mann keinerlei Regung erkennen. Sicher wusste er sofort, wonach in diesem Moment gesucht wurde.

Nachdem ich die Situation etwas klarer einordnen konnte, bat ich den Polizisten, mich doch zu meinem Sohn zu lassen, da dieser natürlich durch das laute Auftreten der Polizei wach geworden war und weinend in seinem Bett stand.

Der Polizist lies mich gnädig los, und ich bin sofort zu meinem Sohn geeilt und habe ihn aus dem Bettchen geholt. Während ich versuchte, ihn zu beruhigen, fingen die Polizisten an, unsere Wohnung zu durchsuchen. Jeder Raum, jeder Schrank, jedes Regal und jede Schublade wurden ausgeräumt und der Inhalt achtlos auf den Boden geworfen.

Völlig unbetroffen und mit regloser Miene verfolgte mein Mann die Situation und gab keinen Ton von sich. Ich fragte ihn, ob er wisse, was das hier gerade zu bedeuten habe. Aber er würdigte mich keines Blickes und warnte mich mit scharfen Worten, keinen einzigen Ton zu sagen.

Ich hielt meinen Sohn nach wir vor fest im Arm, und er ließ sich nur sehr schwer beruhigen, da es sehr laut und hektisch zuging. Er hatte große Angst.

In meinen Gedanken zweifelte ich kurz, ob es das richtige war, was ich getan hatte. Schließlich habe ich vor zwei Wochen der Polizei den entscheidenden Hinweis für diese gerade stattfindende Durchsuchungsaktion gegeben. Meine inständige Hoffnung war es, mit diesem polizeilichen Eingriff meiner Höllenehe zu entkommen.

Mir gingen tausend Sachen durch den Kopf. Ich wollte mir nicht ausmalen, was passieren würde, wenn er, mein Mann, herausbekäme, dass ich selber hinter dieser Aktion steckte.

Doch viel Zeit zum Nachdenken hatte ich nicht. Innerhalb von wenigen Minuten, welche mir wie mehrere Stunden vorkamen, ähnelte die komplette Wohnung einem Schlachtfeld. Es wurde ohne jegliche Rücksicht auf unser Eigentum alles ausgeräumt. Der komplette Inhalt des Schlafzimmerschranks lag auf dem Boden. Möbel wurden verschoben und von allen Seiten durchsucht. In der Küche wurde der Kühlschrank geleert, achtlos wurden alle Gewürzdosen ausgekippt und jeder Topf nach möglichen Hinweisen durchsucht.

Ich betete, dass die Polizisten endlich das finden mochten, wonach sie suchten, damit diese Situation endlich ein Ende hatte. Ich konnte diese Erniedrigungen nicht weiter ertragen.

Da ich schon seit geraumer Zeit wusste, dass mein Mann mit Drogen handelte und diese zuhause für den Verkauf verpackte, war mir klar, dass er diese irgendwo in unserer Wohnung versteckt hielt.

Ich ahnte, dass es nur noch Sekunden dauern würde, bis die Polizisten darauf stießen. So war es dann auch.

Zwei von ihnen, die mit der Durchsuchung des Wohnzimmers beschäftigt waren, kamen mit mehreren dunkelgrünen Päckchen in den Händen raus. Nach genauerer Betrachtung und Prüfung der Päckchen auf den Inhalt, war allen Polizisten sofort klar, dass es sich hier um die gesuchten illegalen Drogen handelte.

Ich spürte eine aufkommende Erleichterung und dankte innerlich, dass meine Gebete erhört worden waren. Nach kurzer Beratung der Polizisten entschieden diese, meinen Mann wegen unerlaubten Drogenbesitzes sofort zu verhaften. Die Handschellen, mit denen er an die Heizung fixiert war, wurden gelöst, und mit auf den Rücken gebundenen Händen wurde er von zwei Polizisten abgeführt.

Während er aus der Wohnung geleitet wurde, wandte er sich zu mir und forderte mich mit knappen Worten auf, einen Anwalt einzuschalten.

Ich hielte meinen Sohn immer noch fest im Arm und antwortete ihm in ruhigem Ton: „Ja, ich werde einen Anwalt einschalten, aber es wird ein Scheidungsanwalt sein." Und schnell schmiss ich die Tür hinter ihm ins Schloss.

Da stand ich nun im Flur und sah mir das hinterlassene Chaos in allen Zimmern an und fragte mich, wie es wohl weitergehen werde. Ein Blick auf die Uhr zeigte mir, dass es noch immer Mitten in der Nacht war. Meine Eltern konnte ich um diese Zeit unmöglich anrufen. Ich legte meinen Sohn in sein Bettchen, und er schlief relativ schnell wieder ein.

Und ich fing an, das hinterlassene Chaos nach und nach aufzuräumen.

Ich wusste instinktiv und entschieden, dass ich jetzt begann, nicht nur meine Wohnung aufzuräumen, sondern auch mein fremd-bestimmtes Leben neu zu ordnen.

Ich wollte *mein* Leben wieder zurückgewinnen!

Ab diesem Moment war ich innerlich gestärkt und fest entschlossen, mir mein Leben ab sofort von niemandem mehr vorschreiben zu lassen.

Doch zu diesem Zeitpunkt ahnte ich nicht, dass ich noch viele Steine und Felsen in meinem Leben aus dem Weg räumen musste, um das glückliche Leben führen zu können, welches ich mir zu Beginn meiner Ehe erträumte und das ich jetzt nur noch gemeinsam mit meinem Sohn leben mochte, - ohne meinen Mann.

Kapitel 2

Meine Kindheit

Geboren wurde ich 1979 in Frankfurt am Main. Meine Eltern gaben mir den Namen Malika. Ich war die Zweitälteste von später insgesamt fünf Geschwistern. Mein Vater kam 1974 als Gastarbeiter von Marokko nach Deutschland, und hat fortan als Maurer gearbeitet. Nach etwa einem Jahr hat er meine Mutter nach Deutschland geholt. Zu dieser Zeit war sie noch sehr jung, und bereits mit 18 Jahren ist sie Mutter geworden, als mein älterer Bruder das Licht der Welt erblickte.

Bis zur Geburt meines zweiten Bruders lebten wir gemeinsam in einer kleinen Wohnung in Frankfurt-Höchst.

Da die Familienplanung meiner Eltern zu dieser Zeit noch lange nicht abgeschlossen war, kamen im Abstand von etwa einem Jahr meine weiteren drei jüngeren Brüder zur Welt. Als kleines 5-jähriges Mädchen hatte ich inständig gehofft, dass ich nach insgesamt vier Brüdern endlich eine Schwester bekäme. Ich hatte mir das so sehr gewünscht, und weinte bitterlich, als mein Vater aus dem Krankenhaus kam und uns mitteilte, dass meine Mutter wieder einen Jungen zur Welt gebracht habe.

Da mittlerweile unsere Wohnung für sieben Personen deutlich zu klein geworden war, haben sich meine Eltern entschlossen, in eine größere Vier-Zimmer-Wohnung, die sie ebenfalls in Frankfurt gefunden hatten, zu ziehen.

Meine Brüder mussten sich ein Zimmer teilen und schliefen in jeweils zwei Etagenbetten. Ich hatte mein Bett in dem zweiten Kinderzimmer, welches als gemeinsames Spielezimmer von mir und meinen Brüdern benutzt wurde, da deren Zimmer deutlich zu klein war.

Aus religiösen Gründen des muslimischen Glaubens, und auch, weil mein Vater es nicht wollte, durfte meine Mutter nicht arbeiten gehen, geschweige denn alleine einen Fuß vor die Tür nach Draußen setzen. Sie hatte für Haushalt und Erziehung der Kinder stets zuhause zu bleiben. Weder ich noch meine Geschwister sahen irgendeinen Kindergarten jemals von innen.

Das Verhältnis von meinen Eltern zu uns Kindern war nicht besonders einfühlsam. Ich kann mich nicht daran erinnern, jemals in den Arm genommen und liebkost worden zu sein oder einen Moment erlebt zu haben, wo meine Eltern mit uns etwas gespielt haben. Besuch von anderen Kindern durften wir auch nie bekommen.

Mein Vater hat mir gegenüber nie Gefühle gezeigt, er war streng und leicht reizbar. Selbst die Kinder aus der Nachbarschaft machten einen riesen Bogen, wenn sie ihn nur schon aus der Ferne sahen. Er war in der Nachbarschaft bekannt für sein störrisches und mürrisches Auftreten.

Ab dem Zeitpunkt als ich zur Schule ging, musste ich zu meinen Hausaufgaben am Wochenende auch auf meine jüngeren Geschwister aufpassen und viel im Haushalt helfen. Als Jungs hatten es meine Brüder wesentlich leichter. Sie mussten natürlich nichts machen, denn schließlich stand ich als Mädchen für all diese Dienste zur Verfügung.

Ebenso musste ich regelmäßig Wäsche waschen, die Wohnung saugen, Staub wischen und das Bad putzen. Selbst beim Groß-einkauf für die Familie bestand mein Vater darauf, ihn in den Supermarkt zu begleiten.

Ganz besonders erinnere ich mich an einen Tag, an dem einer meiner Brüder einmal zum Arzt musste. Meine Mutter diktierte mir den Einkaufszettel, und mein Bruder und ich sollten nach dem Arztbesuch mit meinem Vater einkaufen gehen.

Während ich im Wartezimmer des Arztes allein wartete, bis mein Bruder fertig war, erledigte mein Vater in der Gegend irgendetwas anderes. Was das war, sagte er mir natürlich nicht. Es war jedenfalls ausgemacht, dass unser Vater uns dort wieder abholen sollte und wir drei nach dem Arztbesuch gemeinsam einkaufen gingen, da ich ja den Einkaufszettel in meiner Tasche hatte.

Nachdem mein Bruder beim Arzt fertig war, war mein Vater aber noch nicht zurück. Nach einer sehr langen, jedoch erfolglosen Wartezeit auf ihn, habe **ich** dann beschlossen, gemeinsam mit meinem Bruder im Bus heimzufahren. Doch diese eigenmächtige Entscheidung sollte sich später als großer Fehler herausstellen.

Kaum zuhause angekommen, kam mein Vater entrüstet auf mich zu und hat mich zur Rede gestellt und dabei mal wieder einen seiner Wutausbrüche bekommen. Er ärgerte sich sehr darüber, dass ich ohne Abmachung einfach mit dem Einkaufszettel in der Tasche heimgefahren war.

Aber diesmal war sein Wutausbruch noch extremer als sonst. Er schlug mich das erste Mal mehrmals mit der Hand ins Gesicht und auf meinen Körper. Ich habe mir vor Angst und Schmerzen dabei in die Hose gemacht. Mein Bruder blieb - zum Glück - von dem Ausbruch meines Vaters verschont.

Meine Mutter getraute sich nicht, dazwischen zu gehen. Sie nahm mich weder in Schutz, noch hatte sie irgendetwas zu der ganzen Szene gesagt. Sie hatte nämlich genauso Angst vor meinem Vater, da er auch ihr gegenüber bereits öfter gewalttätig geworden war.

Meine Mutter hatte zu dieser Zeit das Haus so gut wie nie verlassen, da es sich für eine moslemische Frau nicht gehörte, sich in der Öffentlichkeit zu zeigen.

Als ich kaum 12 Jahre alt war, habe ich die Strenge meines Vaters noch deutlicher zu spüren bekommen. Ich weiß noch, wie er einmal zu mir kam, als ich, mit einem kurzen Rock bekleidet, auf dem Sofa gesessen habe, und er sich vor mich hinstellte und mir lautstark verbot, ab sofort kurze Röcke und Hosen zu tragen.

Ich war mit dem Leben in diesen vier Wänden nicht zufrieden, war aber wie gefangen in dieser Situation. In der Schule habe ich mich am wohlsten gefühlt, da ich mich dort relativ frei bewegen konnte und der Kontrolle meiner Eltern nicht ausgesetzt war.

Um dem ganzen Lebensrhythmus meiner Eltern ab und zu mal zu entfliehen, habe ich meine Eltern immer wieder angelogen, um überhaupt mal raus zu kommen, um mich mit meinen Freundinnen zu treffen.

Ich hatte mich sehr gefreut, als eine meiner Lehrerinnen mich eines Tages fragte, ob ich Teil eines Tanzprojektes für unser Schulfest sein möchte. Gerne habe ich zugesagt. Mir hat es dann viel Spaß gemacht, auch wenn ich meine Freude nicht mit meinen Eltern teilen konnte. Nur zu gut wusste ich, dass ich für so etwas niemals eine Erlaubnis bekommen hätte, und deshalb habe ich heimlich daran teilgenommen.

Meinen Eltern gegenüber habe ich behauptet, ich hätte Nachmittagsunterricht. Da das Schulfest aber auf ein Wochenende fiel, musste ich meinen Eltern natürlich doch die Wahrheit sagen und hoffte, dass ich trotz meiner Lüge daran teilnehmen durfte. Leider ohne Erfolg. Mein Vater erlaubte es einfach nicht, und meine Mutter traute sich aus Angst nicht, für mich Partei zu ergreifen.

Sogar meine Tanzlehrerin unternahm einen Versuch und suchte das Gespräch mit meinen Eltern, um die Erlaubnis für mein Mitwirken zu erhalten. Sie wurde schroff abgewiesen, indem ihr einfach die Tür vor der Nase zugeworfen wurde. All meine Trainingsnachmittage und all meine Vorbereitungen, die ich mit Herzensfreude genoss, waren umsonst gewesen. Ich durfte nicht mitmachen, Schluss, aus!

Ich war unendlich traurig, weinte in meinem Zimmer und fühlte mich völlig allein gelassen. Ich wusste nicht, wohin mit meiner Wut und bitteren Enttäuschung. Und ich wusste, es hatte keinen Sinn, darüber eine Diskussion beginnen zu wollen. Mir blieb nur übrig, die Entscheidung widerwillig zu akzeptieren. In diesem Moment wünschte ich mir, ich hätte andere Eltern.

Während sich andere Kinder regelmäßig auf Klassenfahrten und Ausflüge freuten, durfte ich, als marokkanisches Mädchen, und weil die Tradition es verbot, nie irgendwohin mitfahren. Mein Vater erlaubte es einfach nicht, auch weil er dann keine Kontrolle mehr über mich hätte.

Nur einmal hatte ich die Erlaubnis meiner Eltern bekommen, aber nur, weil mein älterer Bruder, der eine Klasse wiederholen musste, und mit mir deshalb in eine Klasse ging, mitgefahren ist, und er somit auf mich aufpassen konnte. Auch unter den wachsamen Augen meines Bruders fühlte ich mich ein stückweit frei und habe diese Zeit genossen.

Unsere Urlaube verbrachten wir jedes Jahr in Marokko, der Heimat meiner Eltern. Natürlich konnten wir uns keinen Flug dorthin leisten, da mein Vater der alleinige Verdiener war. Deshalb wurden der Anhänger und der Dachgepäckträger unseres Mercedes immer randvoll bepackt. Und dann hieß es, mehr oder weniger drei Tage am Stück mit vier Kindern auf der Rückbank des Autos zu sitzen, um irgendwann endlich anzukommen.

Trotzdem habe ich mich auf diese weiten Reisen sehr gefreut, da sie für mich die wirklich einzige Abwechslung in meinem Lebensalltag war. Denn wenigstens während des Urlaubs konnte ich viel freie Zeit, ohne irgendwelcher Aufgaben und Verpflichtungen, mit meinen Cousinen, Großeltern und meiner Tante verbringen.

Wir hatten in Marokko ein Haus, in dem wir unsere sechs Wochen Sommerferien verbrachten. Bis auf einen Bruder meines Vaters lebten alle meine Verwandten dort. Die Zeit unseres Urlaubs bestand in erster Linie darin, alle Verwandten zu besuchen und selbst einzuladen und Besuch zu empfangen.

Natürlich war es für meinen Vater wichtig, in jeder freien Minute weiter an unserem Haus zu bauen und es zu renovieren. Leider mussten meine Mutter, meine Geschwister und ich auch in dieser Zeit oft seine schlechten Launen ertragen. Ebenso war er seinen Bauarbeitern gegenüber schnell aufbrausend. Ich konnte mir nie erklären, warum er oftmals so schlecht gelaunt war. Es herrschte meistens eine angespannte Stimmung.

Außer den jährlichen Urlauben war unser Alltag zuhause in Deutschland immer derselbe. Ich ging zur Schule, musste im Haushalt helfen und ständig auf meine jüngeren Brüder aufpassen.

Die größte Überraschung trat ein, als meine Mutter sechs Jahre nach der Geburt meines jüngsten Bruders ungewollt Schwanger wurde. Und wie es das Schicksal so wollte, habe ich mit elf Jahren endlich eine Schwester bekommen. Ich war glücklich und freute mich sehr. Als große Schwester habe ich fortan sehr viel Zeit mit ihr verbracht.

Kapitel 3

Meine Jugend

Während meiner Schulzeit hatten wir die Gelegenheit zwei Schülerpraktika zu absolvieren. Ich habe mein erstes Praktikum als Einzelhandelskauffrau und mein zweites Praktikum als Zahnarzthelferin gemacht. Da mir das Praktikum als Zahnarzthelferin sehr viel mehr Spaß machte als das im Einzelhandel, habe ich mich später für diesen Beruf entschieden.

Im letzten Jahr meiner Schulzeit fing ich wie alle anderen Schüler an, viele Bewerbungen an Praxen zu schreiben. Da meine Eltern keine Ahnung davon hatten, wie so eine Bewerbung auszusehen hatte, war ich ganz auf mich alleine gestellt und hatte keine Unterstützung. Trotzdem hatte ich nach einigen Vorstellungsgesprächen relativ schnell eine Ausbildungsstelle in Frankfurt gefunden. Mit dem Realschulabschluss in der Tasche konnte ich dann mit meinen 15 ½ Jahren das Abenteuer Ausbildung als Zahnarzthelferin beginnen.

Der Abschied von meiner Schule und meiner Klasse fiel mir sehr schwer, da ich ahnte, dass der lange und enge Kontakt zu meinen Freundinnen abreißen würde. Jede ging ab jetzt einen neuen eigenen Weg.

Von nun an hieß es für mich jeden Tag mit der S-Bahn zur Zahnarztpraxis bzw. Berufsschule zu fahren. Meine Eltern zeigten an meiner Ausbildung keinerlei Interesse, und so habe ich zuhause nie etwas darüber erzählt.

Wenn ich mich mit meinen neuen Berufsschulfreundinnen nach der Schule oder an freien Nachmittagen treffen wollte, habe ich zuhause immer erzählt, dass ich arbeiten müsse. Denn Lügen waren nach wie vor die einzige Möglichkeit, Dinge zu erleben, die nicht im von meinen Eltern überwachten Rhythmus meiner Arbeitszeit oder Schule verliefen. Meine Eltern verlangten von mir, dass ich nach der Schule oder nach Beendigung meiner Arbeitszeit immer sofort nachhause zu kommen habe.

Mir hat die Ausbildung sehr viel Spaß gemacht. Ich war bereits im zweiten Lehrjahr und strebte an, meine Ausbildungszeit von drei auf zweieinhalb Jahre zu verkürzen. Mein Chef motivierte mich dabei sehr, auch indem er mich wissen ließ, dass er fest daran glaube, dass ich dies schaffen könnte.

Da ich täglich zur gleichen Zeit mit der S-Bahn nachhause fuhr, ist mir eines Abends ein junger Marokkaner besonders aufgefallen. An den darauffolgenden Tagen habe ich bemerkt, dass er immer wieder an derselben Haltestelle zur selben Uhrzeit scheinbar auf mich wartete. Auch bemerkte ich, dass er mich öfter ansah. Eines Abends kam er dann auf mich zu, hat mich angesprochen und nach meinem Namen gefragt. Ich habe ihm aber nicht geantwortet und stieg schnell in die einfahrende S-Bahn ein, um nachhause zu fahren.

So ging dieses Spielchen mehrere Tage. Er hat auf mich gewartet, und ich bin ihm immer ausgewichen. Irgendwann habe ich ihm dann mal geantwortet, er war ja doch irgendwie nett und höflich, und wir sind ins Gespräch gekommen. Er hieß Rachid und war 19 Jahre alt.

Ab diesem Tag haben wir uns öfter getroffen, und ich verliebte mich in ihn. Wir trafen uns ein halbes Jahr immer heimlich nach der Arbeit. Meine Eltern durften von unserer Beziehung nichts wissen, weil ich zu dieser Zeit noch keinen Freund haben durfte, ich war ja erst 16 Jahre alt.

Meistens sind wir in ein Café oder ein Restaurant gegangen und haben etwas gegessen, getrunken und uns unterhalten. So haben wir uns immer besser kennengelernt.

Rachid war zu dieser Zeit mit einem zeitlich begrenzten Besucher-Visum in Deutschland. Dieses Visum bekam er durch seinen Onkel, der mit seiner Familie in Deutschland lebte. Ich wusste nicht, wie lange dieses Visum seine Gültigkeit hatte und wie lange er damit in Deutschland bleiben durfte. Seine Eltern und Geschwister lebten noch in Marokko. Er selbst wohnte in einer WG mit seinen zwei Freunden.

Natürlich interessierte ich mich dafür, was er so machte und wie er seinen Lebensunterhalt bestreitet und fragte ihn des Öfteren danach. Rachid wich mir dieser Frage anfangs ständig aus, dann erzählte er später, er würde als Aushilfe in einem Restaurant arbeiten. Ich zweifelte in keiner Sekunde seine Antwort an, und für mich war das in Ordnung.

Nach und nach lernte ich auch seine Freunde kennen, die allesamt Marokkaner waren.

Natürlich konnten und wollten wir unsere Beziehung nicht ewig geheim halten. Ich selber fühlte mich bei dieser Heimlichtuerei sehr unwohl. Auch hatte ich etwas Angst davor, dass meine Eltern etwas davon bemerkten oder andere Bekannte mich mit Rachid sahen und etwas davon meinen Eltern erzählten.

Eines Tages fragte mich Rachid während eines Spaziergangs, ob ich ihn heiraten möchte. Ich war sehr überrascht und freute mich darüber. Gleichzeitig fühlte mich aber noch nicht bereit für eine Hochzeit.

Als er bemerkte, dass ich etwas zögerte, machte er mir mehr und mehr Komplimente. Er versicherte mir, dass er mich sehr liebe, nur mich zur Frau haben möchte und ewig mit mir zusammen sein wolle. Auch er war der Ansicht, dass die ewigen Versteckspiele und die Heimlichtuerei ein Ende haben müssten. Uns beiden war natürlich klar, dass wir ohne Zustimmung meiner Eltern nicht länger eine öffentliche Beziehung führen konnten. So entschlossen wir uns, Nägel mit Köpfen zu machen und meinen Eltern von unserer Beziehung zu erzählen.

Nach marokkanischer Tradition ist es üblich, dass die Eltern des Bräutigams bei den Eltern der Braut um die Hand anhalten. Da aber Rachids Eltern nicht in Deutschland lebten, bat er seinen Onkel, dies für ihn zu tun. Gemeinsam haben wir abgesprochen, dass sein Onkel meine Eltern anruft, um seinen Besuch anzukündigen. Nach diesem Anruf von seinem Onkel musste ich, wie zu erwarten, unverzüglich viele Fragen zu Rachid beantworten. Meine Eltern wollten von mir wissen, wo und wie ich ihn kennengelernt habe, woher er käme und was ich alles von ihm wisse.

Letztendlich haben meine Eltern in den Besuchstermin eingewilligt und mir zu verstehen gegeben, dass sie ihn erstmal kennenlernen wollten, um sich ein persönliches Bild von ihm zu machen.

Dann kam der besagte Tag.

Rachid, sein Onkel und dessen Frau standen bei uns vor der Tür. Und ich war natürlich schon den ganzen Tag über sehr aufgeregt.

Bei uns Moslems werden solche Gespräche nicht mit der gesamten Familie geführt, sondern Frauen und Männer sitzen getrennt in separaten Zimmern. Dies ist im Allgemeinen bei allen Besuchen von Freunden und Verwandten immer so. Frauen und Männer sitzen immer getrennt, reden und essen in separaten Zimmern.

Da ich somit bei dem Gespräch zwischen Rachid, seinem Onkel und meinem Vater nicht dabei sein konnte, hatte ich keine Ahnung, was genau besprochen wurde. In dem Gespräch unter uns Frauen hatte ich nicht viel zu sagen. Meine Mutter stellte viele Fragen zu Rachids Familie und dessen Ansehen. Es war für meine Eltern sehr wichtig, dass Rachids Familie sowie er einen guten Ruf hatten.

Nachdem der Besuch gegangen war, lauschte ich den Gesprächen meiner Eltern heimlich vom Flur aus. Für meine Eltern war klar, dass sie auf alle Fälle noch weitere Informationen über Rachid und seine Familie einholen wollten.

Meine Eltern gaben mir persönlich keinerlei Rückmeldung zu dem Gespräch und teilten auch ihre Gedanken nicht mit mir. Ich wurde, wie üblich, nicht nach meiner Meinung gefragt.

Es vergingen einige Tage, und meine Eltern hatten, wie ange-kündigt, neue Informationen über Rachid eingeholt.

Sie erfuhren, dass sein Visum abgelaufen war und er sich somit illegal in Deutschland aufhielt. Dies wusste ich allerdings schon vorher, habe aber aus Angst, dass der Besuch deshalb nicht stattfinden würde, nichts davon erzählt.

Auch konnten sich meine Eltern nicht vorstellen, dass er seinen Lebensunterhalt mit ehrlicher Arbeit verdiente oder gar für mich sorgen könnte. Meine Eltern teilten mir kurz und schmerzlos mit, dass sie einer Beziehung oder gar Hochzeit nicht zustimmen werden.

Ich war am Boden zerstört. Mein Traum von der Hochzeit mit Rachid war innerhalb von Sekunden komplett zerstört worden. Nur mit Rachid wollte ich meine Zukunft verbringen und konnte es mir mit keinem anderen vorstellen. Er war meine große Liebe, mein Traummann. Ich Träumte vom großen Glück, von Freiheit, von Kindern - nur mit Rachid.

Von da an begann ich meiner Mutter immer wieder zu erzählen, wie sehr ich Rachid liebe und er der einzige Mann sei, mit dem ich zusammen sein wollte. Ich machte ihr mehrfach klar, dass nur er für mich infrage käme. Wir hatten darüber fast täglich Streit und viele Diskussionen.

Mit meinem Vater konnte ich nicht darüber reden. Durch seine herrische Art traute ich mich einfach nicht, dieses Thema bei ihm anzusprechen. Meine Mutter übermittelte mehr oder weniger die Gespräche an meinen Vater weiter.

Auch Rachid machte mir in gewisser Weise Druck und gab mir zu verstehen, dass ich meine Eltern von unseren Hochzeitsplänen irgendwie überzeugen sollte.

Blind vor Liebe erkannte ich nicht, dass er dies tat, um so schnell wie möglich an seine unbefristete Aufenthaltserlaubnis zu kommen. Denn ohne unsere Hochzeit drohte ihm die sofortige Abschiebung nach Marokko.

Eines Abends lauschte ich mal wieder den Gesprächen meiner Eltern. Meine Mutter sagte zu meinem Vater: „Lass uns ihr unseren Segen geben, sonst kommt sie auf die Idee, abzuhauen, und dies ist für uns eine weit größere Schande."

In einem zweiten Besuch von Rachid und seinen Verwandten teilten meine Eltern mit, dass sie der Hochzeit zustimmen werden.

Rachid und ich waren überglücklich über diese Entscheidung. Voraussetzung war allerdings, dass ich meine Ausbildung erst zu Ende bringen sollte, um direkt danach zu heiraten. Für uns alle war klar, dass die Hochzeit in Marokko stattfinden würde, schließlich lebten alle meine ebenso wie Rachids Verwandten dort.

Ich setzte nun alles daran, schnellstens eine erfolgreiche Ausbildung zu absolvieren. Mit viel Einsatz und Fleiß gelang es mir tatsächlich, die Ausbildungszeit um ein halbes Jahr zu verkürzen.

Bis zur geplanten Hochzeit vergingen noch fünf Monate. Während dieser Zeit kristallisierte sich Rachids wahrer Charakter immer mehr raus. Er war mir gegenüber oft bestimmend, laut und verletzend. Ich durfte keine Entscheidung mehr alleine treffen, ohne dies mit ihm vorher zu besprechen. Selbst als ich ihn einmal unangekündigt in seiner Wohnung besuchte, hat er mich angeschrien und mir klar und deutlich mitgeteilt, dass es so nicht gehe, ich habe ihn gefälligst vorher anzurufen.

Da ich aber sehr in ihn verliebt war, änderte sein Verhalten jedoch nichts an meinen Gefühlen und daran, ihn heiraten zu wollen.

Im Nachhinein hätte ich sein Verhalten bereits jetzt als Warnung sehen sollen, weil eigentlich klar war, dass es noch viel schlimmer kommen konnte.

Aber ich ignorierte diese Warnzeichen, kannte diesen Umgangston ja auch aus meinem Elternhaus und dachte, dies sei nur die momentane Situation, resultierend aus der ganzen Anspannung und hoffte inständig, dass sich dies in meiner Ehe dann bessern würde.

Kapitel 4

Unsere Hochzeit

Die Monate bis zur Hochzeit vergingen für mich sehr langsam. Ich sehnte mich sehr danach, endlich in Marokko zu heiraten und stellte es mir traumhaft vor, mit all meinen Verwandten sowie mit Rachids Familie den größten Tag in meinem Leben zu feiern.

Im Juli 1997 war es dann endlich soweit. Ich fuhr mit meiner Familie mit dem Auto und dem Hochzeitskleid im Gepäck in unser Heimatdorf, in der Nähe von Nador, im Nordosten von Marokko. Wir planten dort einen dreiwöchigen Aufenthalt ein, um genügend Zeit zu haben, eine große und einmalige Hochzeitsfeier durchzuführen.

Rachid musste separat, über andere Wege, zurück nach Marokko fahren. Da er kein Visum hatte, konnte er nicht „offiziell" aus Deutschland aus- und nach Marokko einreisen. Ständige Sorgen plagten mich während seiner Reise, dass er eventuell an der Grenze kontrolliert werden würde und ein aufmerksamer Beamter bemerkte, dass er gar keine Aufenthaltserlaubnis für Deutschland besaß. Aber er hatte großes Glück, und er konnte die Grenzen nahezu unkontrolliert passieren. Ich war sehr erleichtert, als er endlich in Marokko ankam.

In den nächsten Tagen lernte ich dann Rachids Eltern und Geschwister näher kennen. Alle waren mir gegenüber sehr herzlich und nahmen mich mit offenen Armen in ihrer Familie auf. Wir trafen uns jetzt des Öfteren um die Hochzeit zu planen und die vielen Einzelheiten abzustimmen.

29

Dann war der von mir ersehnte, glücklichste Tag meines Lebens gekommen. Im Rathaus des Ortes heirateten wir zuerst standesamtlich und erledigten die formellen Belange. Anwesend waren dabei nur mein und Rachids Vater. Da es Frauen nicht gestattet war daran teilzunehmen, blieben meine und Rachids Mutter zuhause.

Die Hochzeitsfeierlichkeiten selbst erstreckten sich über insgesamt drei Tage. Traditionellerweise feierte man den ersten Tag getrennt voneinander, erstmal jeder mit seiner eigenen Familie. Als Braut genoss ich die Aufmerksamkeit, die mir von allen zuteilwurde und stand während der gesamten Feier im Mittelpunkt. Ich fühlte mich sehr glücklich und malte mir aus, wie meine Zukunft aussehen würde.

Ich träumte von meiner eigenen kleinen Familie, Eigenständigkeit und Geborgenheit mit meinem lieben Mann und irgendwann auch mit unseren gemeinsamen Kindern. Vor allen Dingen aber freute ich mich über die neu gewonnene Freiheit, raus aus den ständigen Kontrollen meiner Eltern, meinen Rechtfertigungen und Lügen ihnen gegenüber. Endlich würde all das vorbei sein, ein Ende haben. Und mit der Hochzeit war es für mich der erste große Schritt in Richtung FREIHEIT.

Der zweite Tag der Feier war der sogenannte „Henna"-Tag. Dieser Tag wurde nur unter Frauen gefeiert; meine Tanten, Cousinen, Freundinnen und Nachbarinnen waren da, um den „Junggesellinnen Abschied" zu feiern. Die Henna-Bemalung für die Braut sollte Glück für die bevorstehende Ehe bringen. Es wurde viel getanzt, gut gegessen und viel gelacht. Es war ein wunderschöner Tag für mich.

Die größte Feier fand am dritten Tag statt. Gemeinsam mit allen Familienmitgliedern, sowohl von meiner, als auch von Rachids Seite, haben wir mit über 200 Gästen ausgiebig gefeiert. Über den ganzen Abend verteilt, genoss ich es, in vier verschiedenen, wunderschönen orientalischen Kleidern im Mittelpunkt zu stehen. Ich fühlte mich wie eine Prinzessin, die von allen Seiten verwöhnt wurde. Ein größeres Glück konnte es nicht geben.

Aber der Abend hielt noch ein ganz besonderes und emotionales Erlebnis parat, als nämlich meine Mutter zu mir kam und mich bat, zu meinem Vater zu gehen. Etwas verwundert und verunsichert folgte ich ihrer Aufforderung und ging ins Wohnzimmer. Mein Vater saß dort ganz alleine. Als er mich kommen sah, gebot er mit einer einladenden Geste, neben ihm auf der Couch Platz zu nehmen. Er sagte noch immer kein Wort, sondern wandte sich mir einfach zu, nahm mich in den Arm und fing an zu weinen. Ich war sehr überwältigt von seinem anteilnehmenden Gefühlsausbruch, denn so hatte ich ihn noch nie erlebt. Ich weinte mit ihm, und mir wurde sehr schwer ums Herz. Mein Vater konnte seine Gefühle noch nie zeigen, und erst recht nicht darüber reden. Aber in diesem Moment wusste ich, was ihm wohl durch den Kopf ging. Ihm wurde langsam klar, dass er seine Tochter nun ein stückweit „verlieren" würde.

Nach den unvergesslichen Feierlichkeiten verbrachte ich eine Woche in Rachids Elternhaus und lernte somit seine Familie besser kennen. Rachids Eltern trugen mich wie auf Händen, verwöhnten mich sehr und erfüllten mir jeden Wunsch. Ich fühlte mich ausgesprochen wohl bei ihnen.

Leider vergingen die schönen Tage und Wochen viel zu schnell, und ich musste, mit viel Wehmut im Herzen, wieder alleine zurück nach Deutschland reisen. Rachid konnte nicht mit mir kommen, da er keine Aufenthaltserlaubnis für Deutschland hatte.

In Deutschland angekommen, kümmerte ich mich umgehend um die Formalitäten für die Familienzusammenführung. Da ahnte ich allerdings noch nicht, was für ein Kampf mir bevorstehen würde.

Kapitel 5

Die geplante Familienzusammenführung

Ich konnte es kaum erwarten, endlich die nötigen Behördengänge erledigen zu können, denn schließlich wollte ich meinen Ehemann, den ich sehr vermisste, so schnell wie möglich bei mir haben. Mein erster Weg führte mich zum marokkanischen Konsulat um die Heiratsurkunde für die Ausländerbehörde übersetzen und beglaubigen zu lassen.

Mit diesen Unterlagen ging ich voller Hoffnung, dass es nun nicht mehr lange dauern und ich Rachid bald wieder in meine Arme schließen konnte, wenige Tage später zur Ausländerbehörde, um die Familienzusammenführung zu beantragen.

Der Sachbearbeiter sichtete meine Unterlagen und fing an, alle wichtigen Daten in den Computer einzugeben. An seinem Gesichtsausdruck merkte ich, dass etwas nicht stimmte. Er hörte schließlich auf zu tippen und sagte nur: „Das wird wohl nicht so einfach sein, Ihren Mann nach Deutschland zu holen."

Ausführlich teilte mir der Sachbearbeiter dann mit, dass Rachid bereits mehrere Male wegen Urkundenfälschung, illegalen Aufenthalts und weiterer Drogendelikte bei der Polizei aktenkundig und bereits zur Fahndung ausgeschrieben war.

Mir riss es den Boden unter den Füßen weg. Hatte ich mich wirklich so in einem Menschen getäuscht, und warum hatte er mir so etwas Wichtiges nicht erzählt?

Der Sachbearbeiter erklärte weiter, dass es unmöglich sei, mit diesen gravierenden Delikten eine Aufenthaltserlaubnis in

Deutschland zu bekommen. Er riet mir dazu, einen Anwalt zu nehmen, um mit diesem bei den zuständigen Behörden Akteneinsicht zu beantragen.

Mit diesen neuen schockierenden Tatsachen fuhr ich völlig aufgelöst nachhause. Tausend Gedanken gingen mir durch den Kopf, vor allem wusste ich nicht, wie ich dies meinen Eltern erklären sollte, schließlich waren sie von Anfang an gegen diese Hochzeit gewesen.

Doch erstmal hielt ich unterwegs an und suchte eine Telefonzelle auf, weil ich umgehend Rachid zur Rede stellen wollte. Ich rief ihn in Marokko an und konfrontierte ihn mit diesen Sachverhalten. Er hielt es jedoch nicht für nötig, mir irgendwelche näheren Erklärungen zu geben, sondern forderte mich auf, mich umgehend um einen Anwalt zu kümmern, um ihn aus dieser Strafsache raus zu holen.

Zuhause angekommen erzählte ich meinen Eltern, was ich bei der Ausländerbehörde erfahren hatte. Während meine Mutter nur ruhig da saß und kein Wort von sich gab, regte sich mein Vater sehr auf und schrie mich an. Laut und deutlich gab er mir zu verstehen, dass eine Scheidung überhaupt nicht in Frage käme, sondern ich zusehen sollte, wie ich Rachid aus der Sache rausholen konnte. Schließlich hatten sie mich vorher mehrfach vor einer Ehe mit ihm gewarnt.

Meine Mutter sagte nur: „Was wäre das für eine Schande für unsere Familie, wenn sich unsere Tochter nur kurz nach der Hochzeit wieder scheiden lässt."

Ich selber habe in keiner Sekunde über eine Scheidung nachgedacht, schließlich liebte ich Rachid sehr. Nach dem Gespräch mit meinen Eltern war für mich klar, dass ich keinerlei Unterstützung von ihnen erwarten konnte. Sie hatten mir unmissverständlich klargemacht, dass ich mir das selber eingebrockt habe und ich alleine zusehen musste, wie ich da wieder rauskäme. Letztendlich blieb mir als nichts anderes übrig, als diese Hürde und Herausforderung alleine auf mich zu nehmen.

Rachid riet mir, zu einem ihm bekannten Anwalt zu gehen, da dieser bereits in der Vergangenheit des Öfteren Kontakt zu ihm hatte. Woher er diesen Anwalt kannte, und was er mit ihm zu tun hatte, erzählte er mir nicht. Noch am selben Tag rief ich in der Anwaltskanzlei an und vereinbarte einen Termin, den ich sehr kurzfristig bekam.

Beim ersten Termin habe ich dem Anwalt den Sachverhalt geschildert und ihn beauftragt, mich und Rachid in dieser Angelegenheit zu vertreten. Natürlich verlangte er für seine Tätigkeit ein gewisses Honorar. Da ich wusste, dass Rachid kein Geld hatte, verpflichtete ich mich, sämtliche Anwaltskosten zu übernehmen. Meine Intention war es, die Angelegenheiten von Rachid irgendwie in die Reihe zu bekommen, damit er bald wieder bei mir sein konnte.

Da auch ich nicht besonders viel Geld hatte, vereinbarte ich eine Anzahlung, und den Rest würde ich in mehreren Raten begleichen. Insgesamt kostete mich das Verfahren mehrere tausend Mark.

Meine Ersparnisse, die für unsere erste gemeinsame Wohnung gedacht waren, schrumpften dadurch immer mehr zusammen. Aber das war mir egal, denn ich träumte weiter den Traum von unserer kleinen gemeinsamen Familie.

Als wenn die Ereignisse nicht schon schlimm genug waren, bemerkte ich nach einiger Zeit, dass meine Periode ausblieb. Erst schob ich es auf die ganze Aufregung und dachte noch, dass es durch meine Anspannung in den letzten Wochen zu einer Verschiebung gekommen war. Doch dem war nicht so.

35

Nachdem immer mehr Tage vergangen waren und nichts passierte, ging ich zum Arzt. Dieser bestätigte mir, dass ich schwanger war. Im ersten Moment war ich geschockt. Ich wusste nicht, ob ich mich freuen oder ob ich heulen sollte, weil das so ganz und gar nicht geplant war. Ich war ja alleine und kämpfte noch mit den Behörden um die Einreise für Rachid.

Zu diesem Zeitpunkt wusste ich nicht mal, wann es überhaupt soweit war bis Rachid zu mir nach Deutschland durfte. Ich erzählte als erstes Rachid am Telefon von der Schwangerschaft. Er freute sich zwar, aber er erkannte daraus nur einen Vorteil für sich. Denn er erhoffte sich, dass die Behörden nun schneller seine Einreiseantrag bearbeiten würden, wenn sie wussten, dass seine Frau ein Kind erwartete.

Ich war hin und her gerissen mit meinen Gefühlen. Natürlich wünschte ich mir ein Kind, doch es war eindeutig zu früh.

Schon der Gedanke ich müsste mein Kind alleine bekommen ohne die Unterstützung meines Mannes, weil er, wer weiß noch wie lange, auf seine Einreiseerlaubnis wartete, verursachte Panik in mir.

Meine Eltern waren auch nicht begeistert von meiner Nachricht und sagten nicht viel dazu, kein Glückwunsch und kein gutes Zureden, dass alles irgendwie gut wird. Sie hofften ebenso wie ich, dass Rachid bei mir war, bevor das Kind zur Welt kam.

Meine Mutter nahm mich nur kurz zur Seite und wies mich an, von der Schwangerschaft erstmal niemandem zu erzählen. Sie sagte: „Wir warten die ersten drei Monate ab, ob du das Kind überhaupt in dir behältst."

Das war's, mehr sagte sie nicht. Unsicher was sie damit meinte, nahm ich das so hin und schluckte alle Fragen, die ich noch hatte und die Enttäuschung runter.

Es verging Woche um Woche und Rachids Einreise hing weiter in der Luft. Immer wieder rief ich meinen Anwalt an und nervte ihn schon damit, dass er doch bitte Druck bei den Behörden machen sollte.

Der ganze Stress und die Anspannung bekamen mir nicht gut, und ich verlor nach knapp zwei Monaten mein Baby. Ich war unheimlich traurig, auch wenn es mir zu früh war mit einem Baby, so hatte ich mich doch noch darauf gefreut.

Für Rachid war es nur enttäuschend, dass nun die Chance, aufgrund der Fehlgeburt, dahingehend sanken, schnell nach Deutschland kommen zu dürfen.

Kein Wort des Mitleids oder tröstende Worte kamen von ihm. Er sah nur sich und bemitleidete sich selbst, dass es ihm in Marokko schlecht ginge und er endlich da wegwollte.

Auch von meinen Eltern bekam ich keine tröstenden Worte zu hören. Sie gaben mir das Gefühl nicht bös drum zu sein, dass ich mein Baby verloren hatte. Ich spürte eher, dass sie erleichtert waren, dass sich dieses Problem von selbst erledigt hatte.

In dem Moment wünschte ich mir Rachid wäre bei mir. Auch wenn er zu der Zeit nur an seine Einreise dachte, wünschte ich mir, er wäre bei mir um mich festzuhalten.

Das Verfahren um seine Einreise zog sich nun schon über vier Monate hin. Wir telefonierten jeden Tag miteinander.

Nach einer gewissen Zeit wuchs in mir das Verlangen, ihn auch mal wieder persönlich zu sehen. Auch Rachid vermisste mich, und er wünschte sich so sehr, dass ich ihn in Marokko besuchen kam.

Auch wenn ich das nicht mehr hätte tun müssen, fragte ich trotzdem meine Eltern um Erlaubnis, Rachid besuchen zu können. Ich wohnte ja noch bei meinen Eltern, und so sah ich das als meine Pflicht an, sie zu fragen. Da meine Mutter zu nichts eine eigene

Meinung haben durfte, fragte sie für mich meinen Vater. Es überraschte mich nicht, als er dies verneinte und meinte, ich solle lieber zusehen, dass mein Mann wieder nach Deutschland käme, die Leute würden schon anfangen zu reden.

In einem weiteren Telefonat erklärte ich Rachid, dass mein Vater gegen einen Besuch sei. Rachid zeigte dafür kein Verständnis und machte mir deutlich klar, dass ich nicht mehr auf meinen Vater zu hören habe, sondern jetzt er derjenige sei, der zu bestimmen hat, was ich zu tun oder zu lassen habe.

So beschlossen wir über die Entscheidung meines Vaters hinwegzusehen, und ich kaufte mir ein Flugticket nach Marokko. Meinen Eltern verriet ich nichts von meinem Vorhaben. Heimlich versteckte ich jeden Tag Kleidung für die Reise und betete, dass niemand etwas davon bemerkte. Erst in Marokko angekommen, rief ich meine Eltern an und teilte ihnen mit, wo ich war.

Mein Vater war natürlich stinksauer und wollte nicht mit mir sprechen. Auch nach meiner Rückreise wechselte er eine Zeit lang kein Wort mit mir. Er brauchte fast zwei Wochen, bis er sich wieder beruhigte und wir wieder normal miteinander sprachen.

Wieder nachhause zurückgekehrt, beschäftigten mich weiterhin täglich unzähliger Schriftverkehr und viele Telefonate mit dem Anwalt. Während dieser Zeit begleitete mich sehr oft die Angst, dass Rachid möglicherweise ins Gefängnis musste, aber nach und nach gelang es dem Anwalt, Rachid aus der bundesweiten Fahndung raus zu nehmen und die Verfahren durch einen Strafbefehl abzuschließen. Hauptsächlich wurden Geldstrafen verhängt, die natürlich allesamt ich für Rachid übernehmen musste, weil er kein Geld besaß.

Nachdem abzusehen war, dass der Tag von Rachids Einreise nach Deutschland immer näher rückte, suchte ich für uns unsere erste gemeinsame Wohnung, renovierte diese mit Unterstützung meiner Brüder und meinen Eltern und richtete sie komplett ein. Auch um eine Arbeitsstelle musste sich Rachid nicht kümmern, denn durch Beziehungen von meinem Bruder war ihm eine Stelle als Lagerarbeiter sicher.

Nachdem alle Strafbefehle erledigt, also durch mich bezahlt waren, durfte Rachid endlich nach über einem halben Jahr zu mir nach Deutschland einreisen. Es war geschafft, unserem Glück stand scheinbar nichts mehr im Wege.

Kapitel 6

Unsere Zukunft kann beginnen

Überglücklich über seine Rückkehr freute ich mich auf unsere gemeinsame Zukunft, die nun vor uns lag. Voller Stolz zeigte ich Rachid unsere gemeinsame Wohnung, die ich zwischenzeitlich gemütlich eingerichtet hatte. Er fühlte sich gleich sehr wohl und zeigte mir, dass er glücklich war. Das war für mich die Bestätigung, alles richtig gemacht zu haben. Ich war froh, dass auch Rachid sich endlich zuhause fühlte und wir zusammen unsere Zukunft planen konnten.

Die nächsten paar Wochen vergingen sehr harmonisch. Ich ging wie gewohnt zur Arbeit, und auch Rachid fing zwei Wochen nach seiner Ankunft an, seiner neuen Arbeit als Lagerarbeiter nachzugehen.

Meinen Eltern blieb es nicht verborgen, dass wir glücklich waren, und so langsam akzeptierten sie meine Entscheidung, Rachid geheiratet zu haben.

Nach paar Monaten bemerkte ich jedoch eine schleichende Veränderung an Rachid. Er wurde aus unersichtlichen Gründen immer unzufriedener und fing bei jeder Kleinigkeit Streit mit mir an. Er begann mir Vorschriften zu machen und führte sich zuhause auf, als wäre ich sein Eigentum. Ich musste für alles, was ich tun wollte, um seine Erlaubnis bitten, und über jeden Schritt, den ich machte, hatte ich Rechenschaft abzulegen.

Auf meine Fragen, was denn mit ihm los sei und warum er sich so verhalte, gab er mir keine Antwort, sondern wurde nur noch wütender, schrie mich an und sagte mir, dass mich das nichts angehe.

Eines Tages kam er mal wieder schlecht gelaunt nach Hause. Wir saßen wie immer gemeinsam beim Abendessen, als er ohne Vorwarnung wie angewidert seinen Teller vom Tisch fegte und mir unmissverständlich klar machte, dass ihm das Essen nicht schmecke.

Ich war geschockt und fing an zu weinen. Statt sich jedoch für seine unschönen Worte zu entschuldigen und mich in den Arm zu nehmen, wie ich es mir gewünscht hätte, wurde er in seinem Ton immer aggressiver. Während seines anhaltenden Wutausbruchs verbot er mir, ab sofort weiter arbeiten zu gehen und gab mir des Weiteren klar zu verstehen, dass ich ohne seine Erlaubnis keinen Schritt mehr vor die Tür machen dürfe. Auch befahl er mir, ab jetzt Kopftuch zu tragen, wie das marokkanische Frauen täten. Außerdem verbot er mir Hosen zu tragen und nur noch weite knöchellange Röcke anzuziehen. Da er an meinem Essen schon vorher ständig etwas auszusetzen hatte, forderte er mich auf, ab sofort nur noch traditionell marokkanisch zu kochen.

Ich war zwar entsetzt über seine plötzliche Veränderung und sein Verhalten mir gegenüber. Aber blind vor Liebe machte ich alles, was er mir befahl, denn schließlich kannte ich es durch meine Eltern nicht anders. Ich hoffte, wenn ich alles tat, was er mochte und forderte, würde er bald wieder so sein, wie ich ihn kennengelernt hatte, und alles würde wieder gut werden.

So musste ich mich nun damit abfinden, nicht mehr das tun zu können, was ich wollte, sondern hatte mich nach den Regeln meines Mannes zu verhalten.

Meine Eltern merkten sehr schnell die Veränderung in unserer Ehe, was sie aber sehr positiv fanden und wohlwollend begrüßten. Für

41

eine verheiratete marokkanische Frau gehörte es sich einfach, Kopftuch zu tragen, sich gesittet zu kleiden und das zu tun, was der Ehemann will.

Wie befohlen, kündigte ich letztendlich meine Arbeitsstelle und gab mir Mühe, allen Forderungen Rachids nachzukommen. Ich bemerkte, dass ihn mein Gehorsam besänftigte und er wieder ruhiger wurde.

Nach einem guten halben Jahr wurde ich erneut schwanger, und ich freute mich sehr darüber, dass wir ein Baby bekommen würden. Auch Rachid war glücklich, Vater zu werden, und er gab mir kurzzeitig das Gefühl, dass unser Glück von nun an perfekt war.

Aber leider war seine Ansicht von Glück eine andere als meine.

Rachid wurde wieder zunehmend launischer. Er hatte immer weniger Lust, arbeiten zu gehen und regte sich ständig über seinen Vorgesetzten auf. Oft erfand er Gründe, daheim zu bleiben und sich krank zu melden.

Diese Situation machte mich zunehmend nervöser und unzufriedener. Jeder Versuch, mit Rachid vernünftig darüber zu reden, scheiterte. Ich machte ihm klar, dass es gerade jetzt, wo wir ein Baby erwarteten, wichtig sei, seinen Arbeitsplatz nicht aufs Spiel zu setzen und wir doch auf seinen monatlichen Verdienst angewiesen seien. Aber jeder dieser Versuche endete mit einem riesen Streit. Immer wieder schrie er mich an, dass ich mich in seine Angelegenheiten nicht einzumischen habe und er das tue, was er für richtig halte.

Seine unkontrollierten Wutausbrüche machten mir zunehmend Angst. Irgendwann resignierte ich, und um einfach nur Ruhe zu haben, machte ich das, was er von mir verlangte, nämlich mich nicht in seine Angelegenheiten einzumischen und den Mund zu halten.

Als ich im fünften Schwangerschaftsmonat war, entschlossen wir uns, eine größere Wohnung zu suchen. Ziemlich schnell fanden wir eine schöne Drei-Zimmer-Wohnung im selben Ort, in dem wir wohnten. Ich freute mich sehr auf die neuen Räumlichkeiten und besonders darauf, das Kinderzimmer einzurichten.

Kurz nach unserem Umzug bekamen wir eine Einladung zur Hochzeit von Rachids Schwester nach Marokko. Da marokkanische Hochzeiten, wie üblich, groß mit allen Familienangehörigen gefeiert werden, war es für uns selbstverständlich, dabei zu sein.

Für mich war es eine willkommene Abwechslung, von Daheim mal raus zu kommen. Ich freute mich auch, meine Verwandtschaft, die nicht weit von Rachids Eltern entfernt wohnte, wieder zu sehen. Die Tage im Marokko vergingen wie im Flug. Alle waren mit den Hochzeitsvorbereitungen beschäftigt, schließlich sollte es eine schöne gelungene Feier werden. Ich selbst fühlte mich ausgesprochen wohl bei Rachids Eltern. Sie lasen mir, wie immer, jeden Wunsch von den Lippen ab. Auch hatte ich das Gefühl, das Rachid die ersten Tage wieder ruhiger und ausgeglichener geworden war.

Doch leider wurde ich wenige Zeit später eines Besseren belehrt. Am Tag der Hochzeit war ich damit beschäftigt, unsere Kleidung für die Feier vorzubereiten. Ich bügelte Rachids Hemd und seine Hose und freute mich, mein neues orientalisches Kleid am Abend tragen zu können. Da ich schon im sechsten Monat schwanger war, lies ich mir extra ein Kleid nach meinem Bauchumfang und nach meinem Geschmack anfertigen.

Rachid war den ganzen Vormittag mit seinem Vater unterwegs gewesen, um letzte Vorbereitungen für die Hochzeit zu treffen. Ich war schon fertig angezogen, als Rachid nach Hause und ins Zimmer kam, um sich ebenfalls umzuziehen. Als er die Hose anzog, verfinsterte sich sein Gesichtsausdruck, und ich fragte ihn, was los wäre.

Er zog die Hose wieder aus, schmiss sie mir vor die Füße und schrie mich an: „Bist du noch nicht mal in der Lage, eine Hose ordentlich zu bügeln?!"

Bevor ich überhaupt ein Wort erwidern konnte, geschah das Unvorstellbare für mich. Er schlug mich voller Wucht mit der Hand direkt ins Gesicht. Ich spürte wie meine Lippe direkt anschwoll und schmeckte Blut in meinem Mund. Wie erstarrt blieb ich stehen, weil ich so schnell gar nicht registriert hatte, was soeben geschehen war.

Rachid ließ mich einfach wortlos stehen, griff nach seiner Hose und stampfte wütend aus dem Zimmer.

Ich brach in Tränen aus und traute mich vor lauter Scham nicht aus dem Zimmer. Nach ein paar Minuten versuchte ich mich zu beruhigen und hoffte, dass niemand im Haus etwas von diesem Vorfall bemerkt hatte. Aber kaum war ich aus dem Zimmer raus, begegnete mir Rachids Vater, der mich direkt auf meine geschwollene Lippe ansprach. Ich brach erneut in Tränen aus und sagte ihm ohne Umschweife, dass dies sein Sohn angerichtet habe. Gleichzeitig bat ich ihn aber, Rachid nicht darauf anzusprechen. Ich hatte Angst, dass dann alles noch schlimmer werden würde und wollte somit auch einen Familienstreit verhindern.

Gott sei Dank blieb mir noch etwas Zeit, bis die ersten Gäste eintrafen. So konnte ich meine Lippe kühlen, und langsam versuchte ich, diese schreckliche Angelegenheit zu verdrängen.

Rachid hat sich nach diesem Vorfall weder bei mir entschuldigt, noch traute ich mich, ihn darauf anzusprechen. Wir beiden verhielten uns so, als wäre nie etwas geschehen.

Kurz nach den Feierlichkeiten flogen wir nach Hause, und der Alltag hatte uns schnell wieder.

In den nächsten Wochen bemerkte ich wieder diese ständige Unruhe und Unzufriedenheit in Rachid, und er ging erneut unregelmäßig zur Arbeit. Darauf angesprochen meinte er nur: „Ich habe langsam keine Lust mehr, mir von einem Deutschen vorschreiben zu lassen, wie ich zu arbeiten habe."

Jeder Versuch von mir, ihn zu besänftigen, scheiterte. Er ließ sich immer öfters krankschreiben, um nicht auf die Arbeit zu müssen. Die Situation wurde für mich immer unerträglicher, auch deshalb, weil er seine Launen an mir ausließ.

Wenn Rachid dann doch mal zur Arbeit ging, holte ich ihn meistens nach Feierabend mit unserem in die Jahre gekommenen Auto ab. Ich erinnere mich an einen Tag, als Rachid bereits eingestiegen war und unser Auto mal wieder nicht anspringen wollte. Ohne darüber nachzudenken, bat ich zwei junge Männer, die gerade vorbeiliefen, uns beim Anschieben des Autos zu helfen. Die beiden Männer haben uns sofort geholfen, und das Auto sprang an.

Kaum saßen wir wieder im Auto, schlug mir Rachid mit der Faust direkt ins Gesicht und befahl mir, nie wieder fremde Männer anzusprechen. Blut floss mir aus der Nase, und ich betete, dass diese nicht gebrochen war. Rachid forderte mich auf, auf den Beifahrersitz zu rutschen, und er fuhr, ohne einen Führerschein zu besitzen, selbst nach Hause.

Ich war wieder geschockt und erschrocken, dass er mich wieder ins Gesicht geschlagen hatte. Nach dem Vorfall in Marokko hoffte ich, dass dies nie wieder geschehen würde, doch da täuschte ich mich. Zuhause gab es wieder keine Entschuldigung, und er tat so, als wäre alles normal. Zum ersten Mal spürte ich innerlich, wie ich ihn für dieses Verhalten verachtete und meine Liebe, die zu Anfang so groß war, zu zerbrechen begann.

Die Tage vergingen, und eines Tages flatterte die Kündigung von Rachids Arbeitgeber ins Haus. Geschockt darüber fragte ich ihn, wie es dazu gekommen sei. Er erwiderte kein Wort dazu, sondern verließ mich nicht beachtend die Wohnung. Einen Tag später erfuhr ich von Freunden, dass ihm wegen Verdacht des Diebstahls fristlos gekündigt wurde.

Ab diesem Zeitpunkt machte ich mir ständig Sorgen über unsere Zukunft, die ich mich so schön vorgestellt hatte. Wie sollte es weiter gehen? Wir erwarteten ein Kind, mein Mann hatte keine Arbeit mehr, und ich konnte mit niemanden über meine Sorgen reden. Meinen Eltern gegenüber verhielten wir uns ganz normal, sie wussten auch nichts von der Kündigung.

Rachid war trotzdem ständig unterwegs, sagte mir aber nie, wo er sich aufhielt und was er tat. Selbst auf Nachfragen reagierte er genervt und machte mir wieder klar, dass mich dies nicht zu interessieren habe.

Um finanziell über die Runden zu kommen, kümmerte ich mich um die Behördengänge und stellte alle möglichen Anträge auf Unterstützung. Rachid interessierte sich nicht dafür, ihm war das alles völlig egal.

Mittlerweile war ich im siebten Monat, und unsere Situation war unverändert. Eines Abends kam Rachid nach Hause und hatte einen angeblichen Freund dabei, den ich vorher noch nie gesehen habe. Rachid erklärte mir, dass dieser Freund momentan illegal in

Deutschland sei, keine Unterkunft habe und er bei uns für paar Tage wohnen werde.

Aus den paar Tagen wurden Wochen, und ich fühlte mich in meiner eigenen Wohnung zunehmend unwohler. Nicht dass ich allen Befehlen meines Mannes zu gehorchen und sie auszuführen hatte, sondern auch noch einen mir fremden Mann bekochen und diesem sogar die Wäsche waschen musste.

Ich wollte wissen, wann der Freund endlich wieder gehen würde und sprach Rachid darauf an. Er erklärte mir, dass sein Freund solange bleiben werde, wie es nötig sei. Diesmal ließ ich aber nicht locker und erklärte ihm, dass ich das so nicht mehr länger akzeptieren werde und er seinen Freund bitten möge, sich nach einer anderen Unterkunft umzusehen.

Rachid rastete daraufhin völlig aus und schlug mich mehrfach am ganzen Körper und erneut ins Gesicht. Es interessierte ihn überhaupt nicht, dass ich hochschwanger war und er dabei unserem Baby einen bleibenden Schaden zufügen konnte. Ich hielt schützend meine Hände vor mein Gesicht und meinen Bauch, und ich betete, dass die Schläge bald vorbei waren.

Am nächsten Morgen sah ich im Spiegel das ganze Ausmaß dieser Tortur. Mein Gesicht war geschwollen, und am ganzen Körper hatte ich blaue Flecken. Ich brach weinend im Bad zusammen und betete zu Gott, dass wenigstens mein Sohn gesund zur Welt kommen möge.

Kapitel 7

Mein Sohn gibt mir Kraft

Rachids Freund packte an diesem Morgen, nachdem er mich so übel zugerichtet gesehen hatte, seine paar Sachen und verließ auf nimmer Wiedersehen unsere Wohnung. Von Rachid selbst kam auch diesmal keine Entschuldigung für seine an mir ausgelassene Aggression. Er tat mal wieder so, als wäre nie etwas gewesen.

Ich fühlte mich in seiner Gegenwart zunehmend schlechter und unwohler und war nicht mehr die, die ich mal war. In mich gekehrt, mit Fragen und Gedanken in mich selbst zurückgezogen, fühlte ich mich gefangen, fand keinen Ausweg. So hatte ich mir meinen Traum vom Familienglück nie und nimmer vorgestellt.

Immer wieder fragte ich mich und grübelte darüber nach, was ich nur ändern oder tun konnte. Aber aus Angst und Scham war ich wie gelähmt, und am Einfachsten war es für mich, alles auszuhalten.

Was sollten meine Eltern, meine Verwandtschaft und überhaupt die Leute denken, wenn ich, als hochschwangere marokkanische Frau, ihren Mann verließe? Diese Schande wäre nicht auszudenken gewesen! So gab ich es auf, mir über meine Situation weiter Gedanken zu machen und nahm mein Schicksal resigniert hin.

Mein größter Halt war mein ungeborener Sohn, über den ich mich schon riesig freute. Ich konnte es kaum abwarten, ihn endlich in meinen Armen zu halten.

Er ließ sich aber Zeit, und erst zwei Wochen nach dem errechneten Geburtstermin war es endlich so weit. Rachid und ich fuhren zusammen ins Krankenhaus, und elf Stunden später hielt ich unser süßes kleines Baby, das wir Ramin nannten, endlich in meinen Armen. Ich war überglücklich, und auch Rachid weinte vor Glück. Würde von nun an doch alles besser werden?

Nach drei Tagen durfte ich das Krankenhaus verlassen und mit Ramin nachhause gehen. Kaum angekommen, ließ mich Rachid mit unserem Baby auch schon wieder alleine zurück. Er sagte nicht, wohin er ging oder was er tat. Wortlos verließ er einfach unsere Wohnung, und dabei hätte ich ihn gerade jetzt sehr gebraucht.

Die ersten drei Monaten nach der Geburt fühlte ich mich sehr schlecht. Ich verfiel in eine Wochenbettdepression, hatte Angst, was falsch zu machen, war überfordert im Umgang mit so einem kleinen Baby und weinte nur noch. Meine Mutter erkannte sofort, wie es mir erging und schlug vor, mit Ramin für einige Zeit bei ihr und meinem Vater zu bleiben. Da ich von Rachid keinerlei Unterstützung bekam, nahm ich das Angebot meiner Mutter dankbar an.

Ab und zu besuchte uns Rachid bei meinen Eltern, aber im Großen und Ganzen war ich froh, etwas Abstand von ihm zu haben. Nachdem es mir wieder besser ging und ich ein sicheres Gefühl im Umgang mit Ramin hatte, war ich wieder daheim, und alles ging seinen Weg.

Die meiste Zeit kümmerte ich mich um unser Baby. Rachid war ständig unterwegs, und wenn er mal da war, war er meistens schlecht gelaunt und hatte ständig etwas an mir auszusetzen. An guten Tagen gingen wir zu dritt ab und zu mal spazieren, besuchten meine Eltern oder Rachids Onkel und Tante.

Drei Monate vor Ramins ersten Geburtstag entschieden wir uns, ihn aus traditionellen und moslemischen Gründen beschneiden zu lassen, aber auch, weil es laut unserer Kinderärztin medizinisch notwendig war.

Am Tag der Beschneidung fuhr uns Rachid ins Krankenhaus, setzte uns ab und lies mich mit unserem Sohn allein. Wie immer musste ich mich mal wieder um alles selbst kümmern. Ich sollte ihn anrufen, wenn Ramin aus der Narkose erwacht war. Und wie immer traute ich mich nicht, ihn nach Gründen zu fragen, was denn wichtiger sei, als bei seiner Frau und seinem Sohn zu bleiben. Ich schluckte meinen Ärger darüber erneut runter und lies ihn gewähren.

Ramins ersten Geburtstag feierten wir in Marokko, daheim bei Rachids Eltern. Es war eine schöne Abwechslung von meinem Alltag zuhause, und ich fühlte mich das erste Mal seit langem wieder wohl und genoss die drei Wochen dort sehr. Auch wenn Rachid oft mit seiner Abwesenheit glänzte, war mir das zwischenzeitlich egal, ich hatte mich jetzt längst dran gewöhnt.

Wieder in Deutschland zurück, fiel ich erneut in ein tiefes Loch und fragte mich jeden Tag, wie lange ich das alles noch aushalten sollte. Ständig diese Angst vor Rachids schlechter Laune, seinen Wutausbrüchen und Schlägen. Was mir jedoch am meisten wehtat, war, dass er sich mit seiner Aggression selbst dann nicht zurückhielt, wenn unser kleiner Sohn im gleichen Zimmer verweilte und alles mitbekam. Er brüllte und schlug mich, wenn ihm das Essen nicht schmeckte, er schlug mich, wenn seine Hose oder sein Hemd in seinen Augen nicht ordentlich gebügelt war. Er schlug mich, wenn ich keine Lust hatte, mit ihm zu schlafen und drohte mir, wenn ich nicht mit ihm schliefe, dass er sich das bei anderen Frauen holen würde.

Ich magerte immer mehr ab, war nur noch Haut und Knochen, weil ich keinen Appetit mehr hatte und kaum noch vernünftig aß. Umso mehr weinte ich, wenn ich alleine zuhause war und wünschte mir manchmal, einzuschlafen und nicht mehr wach zu werden.

Aber ich hatte meinen Sohn, meinen süßen, kleinen Ramin, der mich brauchte, den ich über alles liebte und für den es sich zu kämpfen lohnte. So einfach würde ich nicht aufgeben!

Egal, wie lange ich durch diese Hölle noch gehen musste, ich wusste ganz tief im Inneren, dass ich es mit meinem Sohn schaffen würde, gemeinsam einen Weg aus dieser Hölle zu finden.

Dieser Tag würde kommen! Bald. Das wusste ich.

Kapitel 8

Geheime Geschäfte

Auch in den nächsten Monaten änderte sich nicht viel. Die Zeit verging, und ich ertrug weiterhin geduldig mein Schicksal, in der Hoffnung, dass meine Gebete erhört werden, diesem Leben zu entkommen.

Ramin wurde mittlerweile zwei Jahre alt. Ich genoss die Zeit, ihn aufwachsen zu sehen, und jeden Tag war ich aufs Neue glücklich, ihn zu haben. Mein Sohn war mein Halt, mein Ein und Alles.

Nach wie vor gaukelte ich meinen gegenüber Eltern die heile Familienwelt vor und traute mich nicht, ihnen zu erzählen, wie es zwischen mir und Rachid tatsächlich ablief und wie schäbig er mich behandelte.

Ich selbst hätte ja noch nicht mal erklären können, was Rachid in seiner ständigen Abwesenheit trieb. So sehr mir die Frage immer mal wieder auf der Zunge brannte, so sehr wusste ich, dass mein Interesse nach einer Antwort darauf nur schlecht und mit den bekannten Folgen für mich ausgehen konnte.

Doch eines Abends sollte es wohl so kommen, wie es kam, und ich erfuhr, womit sich mein Mann die Zeit vertrieb und unser Geld verdiente. Rachid kam, wie so häufig, am späten Abend heim, steckte den Kopf, mir zugewandt, durch die Wohnzimmertür, und ohne Begrüßung warnte er mich in befehlendem Ton, jetzt nicht in die Küche zu kommen und schlug die Tür wieder zu.

Ich kam seiner Aufforderung nach, schaute noch eine Weile Fern und entschied mich nach gut zwei Stunden ins Bett zu gehen.

Vorher schaute ich noch bei Ramin ins Kinderzimmer rein, der ruhig und friedlich in seinem Bettchen schlief. Kurz bevor ich in unser Schlafzimmer gehen wollte, blieb ich vor der geschlossenen Küchentür stehen und haderte mit mir, es doch zu wagen, einfach die Tür zu öffnen und einen Blick zu erhaschen, auf das, was Rachid geheimnisvolles tat. Ohne länger darüber nachzudenken, nahm ich meinen ganzen Mut zusammen, griff zur Türklinke und öffnete. Was ich dann sah, verschlug mir die Sprache, und ich stand wie erstarrt da.

Rachid saß am Küchentisch. Vor ihm, in kleinen Portionen verteilt, eine weiße Substanz. In den Händen hielt er eine Schere und Folie fest. Er drehte sich zu mir um und sagte in einer Seelenruhe mit einem Grinsen im Gesicht und geröteten Augen, dass ich jetzt gesehen habe, was ich sehen wollte und ich nun wieder gehen solle.

Es vergingen ein paar Sekunden, die mir wie eine Ewigkeit vorkamen, bis seine Stimme zu mir durchdrang und ich dann rückwärts die Küche wieder verließ.

Geschockt über das Gesehene legte ich mich ins Bett. Nun wurde mir vieles klar, und es war offensichtlich, dass er mit Drogen handelte. Völlig durcheinander und aufgelöst gingen mir tausende Fragen durch den Kopf, aber eins war mir sofort klar: Ich würde so nicht weiterleben und das einfach hinnehmen. Ich würde einen Weg finden, mich und meinen Sohn da raus zu holen. Und mit diesen Gedanken der Hoffnung schlief ich erschöpft ein.

Am nächsten Tag konfrontierte ich Rachid mit diesem Ereignis. Er war die Ruhe selbst und fragte mich, was ich mir denn wohl gedacht habe, woher das Geld komme, womit er uns über die Runden bringe.

Ich war sprachlos über seine für ihn selbstverständliche Erklärung, als würde es sich beim Drogendealen um eine normale Arbeit handeln. Er gab mir zu verstehen, dass ich doch froh sein solle, dass er sich schließlich darum kümmere, das Geld ins Haus käme, wie und woher solle mir letztendlich egal sein.

Somit war es für ihn jetzt völlig normal, abends in der Küche zu sitzen und die Drogen für seine Kunden schön säuberlich in Folie eingeschweißt zu portionieren. Auch merkte ich eine Veränderung an seinem Verhalten, wenn er mit seiner „Arbeit" in der Küche fertig war. Er war auf eine merkwürdige Art und Weise sehr ruhig, hatte gerötete Augen und vergrößerte Pupillen. Mir kam gleich der Verdacht, dass er selbst Drogen konsumierte. Natürlich traute ich mich nicht, ihn darauf anzusprechen. Ich war froh, dass er mich in Ruhe lies und ich dadurch seinen Gewaltausbrüchen nicht ausgesetzt war.

Jetzt war mir auch klar, warum er im Laufe des Tages ständig unsere Wohnung verließ und nach kurzer Zeit wieder zurückkam. Er verabredete sich mit seinen Drogenkunden mehr oder weniger direkt bei uns vor der Haustür.

Eines Tages kam Rachid zu mir und befahl mir, Ramin zu meinen Eltern zu bringen, weil ich ihn wo hinfahren sollte. Wohin sagte er mir erstmal nicht. Nachdem ich unseren Sohn weggebracht hatte, erklärte er mir vor der angekündigten Fahrt, dass er entschieden habe, ihn von jetzt an öfter bei seinen Drogengeschäften begleiten zu müssen. Bevor ich widersprechen konnte, begründetet er seine Entscheidung damit, dass die Gefahr, angehalten und kontrolliert zu werden, geringer sei, wenn eine Frau mit Kopftuch am Steuer säße. Ob ich das wollte oder nicht, war ihm völlig egal. Er gab mir zu verstehen, wenn ich es nicht mache oder irgendjemanden davon erzähle, würde er mich einsperren und mich zerstören. Meine zu erbringenden Dienste gingen sogar so weit, dass er mich zwang, bei den Kurierfahrten die Drogen bei mir am Körper zu tragen. Für mich war klar, dass er damit seine eigene Haut retten wollte, sollte es zu einer polizeilichen Kontrolle kommen.

Widerwillig und hilflos fügte ich mich seinen Befehlen und hoffte insgeheim, irgendwann von der Polizei angehalten zu werden, um diesem kriminellen Kreislauf, dem ich allein nicht entfliehen konnte, irgendwie ein Ende zu setzen.

So vergingen ein paar Monate, in denen ich ihn fast jeden zweiten Tag irgendwohin fahren sollte. Meistens brachten wir Ramin zuerst zu meiner Mutter mit der Erklärung, in Ruhe einkaufen zu wollen oder sonst irgendwelche Erledigungen zu machen. Hin und wieder kam es leider auch vor, dass wir Ramin bei diesen Fahrten mitnehmen mussten. Ich war froh, dass Ramin noch zu klein war, um Fragen zu stellen. Ich wüsste nicht, wie ich ihm diese absolut schreckliche Situation hätte erklären sollen.

Immer wieder fragte ich mich, wie und wann ich diesen kriminellen Machenschaften entkommen konnte, kam aber zu keiner Lösung, ohne dass es hinterher viel schlimmer werden könnte.

Langsam ertrug ich es einfach nicht mehr, mit einer solchen Last zu leben. So entschied ich mich, es meiner Mutter anzuvertrauen, in der Hoffnung, durch ihre Unterstützung, eine Lösung zu finden. Ich verabredete mich mit ihr und erzählte ihr alles. Wie erwartet, war meine Mutter sehr geschockt darüber und fing erstmal damit an, mir Vorwürfe zu machen, dass ich damals doch lieber auf sie hätte hören sollen. Wie sich jetzt zeige, hatten sie und mein Vater zu Recht befürchtet, dass Rachid kein vernünftiger Mann für mich sei.

Nachdem sich der erste Schock bei ihr gelegt hatte, nahm mich meine Mutter in den Arm, drückte mich ganz fest und flüsterte mir zu, dass wir eine Lösung finden werden. Ich weinte in ihren

Armen, denn es tat gut, getröstet zu werden, und ich spürte das erste Mal eine tiefe Erleichterung in mir. Meine Mutter wollte aber auf keinen Fall, dass mein Vater davon erfuhr. Das würde ihn zu sehr aufregen, und wir wollten uns nicht ausmalen, was mein Vater mit Rachid anstellen würde.

Wir überlegten und telefonierten die nächsten Tage oft und sprachen darüber, wie ich mich von Rachid trennen könnte ohne selber zu schaden zu kommen. Aber zu einer wirklich vernünftigen Lösung kamen wir leider nicht.

Ich hatte Angst um mich und meinen Sohn. Aber noch mehr um meinen Sohn, als um mich. Es wäre für mich nicht auszudenken, wenn Rachid ihn mir wegnähme.

Die Tage vergingen in gewohnter Weise, und eines Tages luden meine Eltern Rachids Verwandtschaft zu sich nach Hause ein. Natürlich waren auch ich, Rachid und Ramin eingeladen. Es waren noch zwei Tage bis zu dem bevorstehenden Besuch, als meine Mutter mich anrief und fragte, ob ich momentan alleine zu Hause sei, um frei sprechen zu können. Sie hatte eine Idee und schlug mir einen Plan vor, wie ich von Rachid möglichst bald loskommen könnte. Sie sagte aber auch gleich, dass dies für mich und Ramin die einzige Möglichkeit sei, da heil rauszukommen.

Der Tag kam als wir und Rachids Verwandtschaft meine Eltern besuchten. Traditionell war es wie immer, dass Frauen und Männer in getrennten Räumen saßen. Wir Frauen unterhielten uns, und es gab vor dem Abendessen marokkanischen Tee und Gebäck. Während meine Mutter dann das Abendessen vorbereitete bat sie mich, von zuhause einen Topf zu holen.

Da ich nichts selbst entscheiden durfte, rief ich meinen Mann aus dem anderen Zimmer zu mir und fragte ihn um Erlaubnis, den Topf für meine Mutter holen zu dürfen. Er willigte ein, und ich fuhr los zu uns nachhause. Nachdem ich den Topf im Auto hatte, fuhr ich noch einen kleinen Umweg zur Polizei. Schon im Auto wurde es mir übel vor Aufregung, und ich zitterte innerlich, weil ich nicht wusste, wie das heute alles enden würde.

Ich betrat die Polizeistation und gab an, eine Anzeige aufgeben zu wollen. Ich wurde in einen separaten Raum geführt und erzählte dem Beamten unter Tränen, dass mein Mann seit längerem mit Drogen deale und mich misshandle.

Während meiner Schilderung schaute ich ständig nervös und ängstlich auf die Uhr. Ich wollte nicht, dass Rachid Verdacht schöpfte und ich erklären musste, warum ich solange weg war. Der Polizist gab mir zu verstehen, dass ich das richtige gemacht habe und dass sich für mich und meinem Sohn alles zum Guten wenden werde.

Nach dem meine Aussage zu Protokoll genommen wurde, fuhr ich wieder zu meinen Eltern. Auf dem Weg dorthin wurde mir erst richtig bewusst, was ich gerade getan hatte.

Ich hatte meinen eigenen Ehemann verraten.

Aber trotzdem bereute ich mit keiner Minute diese Entscheidung, die mir meine Mutter vorgeschlagen hatte. Jetzt ging es nur noch um mich und meinen Sohn!

Wieder bei meinen Eltern angekommen, sah mich meine Mutter sanftmütig an, und ab da wusste ich, es wird alles gut. Gott sei Dank hatte keiner von den anderen was bemerkt.

Nun hieß es für mich abwarten. Noch wusste ich nicht, wann und in welcher Form die Polizei ihre Ermittlungen und nächsten Schritte vornahm. Mir gingen ständig verschiedene Möglichkeiten durch den Kopf, wie und was passieren konnte.

Ich war über die Ablenkung bei meinen Eltern dankbar und konnte dann irgendwann den Abend genießen, bis wir schließlich wieder nachhause fuhren.

Die nächsten Tage vergingen wie immer: Ich fuhr Rachid zu seinen Drogenkunden, ertrug weiterhin seine Launen und betete, dass endlich was passierte.

Kapitel 9

Ohne meinen Mann

Da stand ich nun im Flur und sah mir das hinterlassene Chaos in allen Zimmern an und fragte mich, wie es wohl weitergehen würde. Ein Blick auf die Uhr zeigte mir, dass es noch immer mitten in der Nacht war. Meine Eltern konnte ich um diese Zeit unmöglich anrufen. Ich legte meinen Sohn in sein Bettchen, und er schlief relativ schnell wieder ein. Und ich fing an, das hinterlassene Chaos nach und nach wieder aufzuräumen.

Der Polizeieinsatz nach meiner Aussage war schneller als erwartet erfolgt und kam auch für mich sehr überraschend. Es waren nicht mal zehn Tage vergangen, als heute Nacht die Verhaftung Rachids rigoros vollzogen wurde.

Ich fühlte mich wie ferngesteuert, räumte ein Zimmer nach dem anderen auf und konnte das eben Geschehene noch nicht richtig realisieren.

Auch fragte ich mich, was wohl gerade mit Rachid geschehen würde. Obwohl es mir doch eigentlich egal sein konnte, machte ich mir Gedanken darüber, was aus ihm wurde und welche Konsequenzen er tragen musste.

Das erste Mal machte ich mir bange Gedanken darüber, wie es wohl sein könnte, wenn er aus der ganzen Sache doch schnell wieder rauskäme und er wieder zuhause wäre.

Was wäre, wenn er herausbekäme, dass ich den endscheidenden Hinweis bei der Polizei gegeben hatte und für mich dann alles noch viel schlimmer sein würde?

Ich spürte die Angst wieder in mir aufkommen. Schnell schob ich diese Überlegungen zur Seite und räumte gedankenverloren weiter auf, bis es draußen hell wurde.

Schlafen konnte ich nicht mehr, so blieb ich wach und überlegte, wie ich das ganze meinen Eltern, hauptsächlich meinem Vater, schonend beibringen sollte.

Mittlerweile war es acht Uhr geworden, und ich nahm meinen ganzen Mut zusammen, um meine Eltern anzurufen. Meine Mutter ging bereits nach einmaligem Klingeln ran, als hätte sie auf meinen Anruf gewartet. Ich erklärte kurz und knapp was passiert war. Anschließend fuhr ich mit meinem Sohn zu meinen Eltern und beschrieb ihnen ausführlich, was die vergangene Nacht passiert war. Während ich weinend erzählte, sprudelte alles aus mir raus, wie es mir die letzten Jahre mit Rachid ergangen war.

Ich spürte eine riesen Erleichterung, nach dem ich alles losgeworden war, schämte mich aber gleichzeitig darüber, dass meine Eltern nun wussten, was mir alles wiederfahren war.

Meine Eltern saßen mir wie geschockt gegenüber und brachten erstmal keinen Ton aus sich raus. Meine Mutter weinte stumm mit mir, und es vergingen paar Minuten, bis mein Vater die ersten Worte fand.

Er sagte mir, dass es keinen Sinn ergäbe, mir Vorwürfe zu machen, schließlich wüsste ich ja von selbst, dass er mich von Anfang an gewarnt habe und er befürchtet hatte, dass es so weit kommen konnte.

Resignierend sahen mich meine Eltern an und gaben mir zu verstehen, dass sie trotz allem hinter mir stünden und mich bei allen weiteren Hürden, die kommen mochten, unterstützten. Ich war sehr froh darüber, dass mein Vater so ruhig geblieben war, denn das hatte ich so nicht erwartet.

Während unseres Gesprächs schaute ich immer wieder zu Ramin rüber. Er spielte mit seinem Spielzeug, nichts ahnend, was für Veränderungen uns bevorstünden. Auch in diesem Moment wusste ich, das richtige gemacht zu haben. Ich wollte nicht, dass Ramin mit so einem Vater aufwuchs.

Für mich und meine Eltern stand nach diesen Geschehnissen fest, dass ich mich schnellstens scheiden lassen würde. Und mit diesem Entschluss fuhr ich mit Ramin wieder nachhause.

Am nächsten Tag kontaktierte ich eine Anwältin, bei der ich am selben Tag noch einen Termin bekam. Ich schilderte ihr alles und bat sie, für mich die Scheidung vorzubereiten. Auch mussten wir erstmal herausfinden, was mit Rachid geschehen war. Nachdem ich ihr die Vollmacht unterschrieben hatte, konnte sie bei der Polizei anrufen und sich nach Rachid erkundigen.

Es vergingen ein paar Tage bis wir erfuhren, dass Rachid in U-Haft saß. Ich war sehr froh darüber, weil ich somit nicht befürchten musste, Rachid demnächst unerwartet und mit Rachegedanken vor meiner Tür stehen zu haben.

Leider ging es mit der Scheidung nicht so schnell, wie ich das zunächst gehofft hatte, da ich von meiner Anwältin erfuhr, dass ich das gesetzlich vorgeschriebene Trennungsjahr einhalten musste.

Für mich war klar, dass ich mir unsere Wohnung ohne Arbeit und somit ohne Einkommen allein nicht leisten konnte. Ich entschloss mich deshalb, diese zu kündigen und erstmal mit Ramin zu meinen Eltern zu ziehen.

Ziemlich schnell löste ich unsere gemeinsame Wohnung auf. Ich wollte von der Einrichtung auch nichts mitnehmen, was mich ständig an Rachid erinnerte. So packte ich nur meine und Ramins persönliche Sachen ein und wohnte für einen knappen Monat bei meinen Eltern. Da dies kein Dauerzustand sein konnte, bemühte ich mich schnell um eine kleinere und günstigere Wohnung im selben Ort für mich und meinen Sohn.

Nach einigen Gesprächen mit dem Sozialamt bekam ich die Bewilligung zur Übernahme der Mietkosten für eine Wohnung, die ich dann auch schnell fand.

Ich fing wieder bei null an. Wohnung renovieren, einrichten und natürlich eine Arbeit suchen. Ich war sehr froh und dankbar darüber, dass mich meine Eltern und Geschwister bei all dem unterstützten.

Ramin ging mittlerweile in den Kindergarten, und ich fand eine Arbeit in der Nähe meines Wohnortes in einem Unternehmen als Büroaushilfe. Mein Leben verlief endlich so, wie ich es mir immer gewünscht hatte, ruhig und glücklich, ohne mir ständig vorschreiben zu lassen, was ich zu tun und zu lassen habe. Endlich ohne Angst meine eigenen Entscheidungen zu treffen und ohne zu befürchten, dass es zu Gewaltausbrüchen käme. Auch Ramin genoss den Frieden und fühlte sich rundum wohl.

Während des Trennungsjahrs erhielt ich Post vom Gericht. Es ging dabei um das Sorgerecht für Ramin, da dies zwingend vor der Scheidung geklärt werden musste. In dem Schreiben wurde ich aufgefordert, mit meinem Sohn zu dem Termin zu erscheinen, da es für den Richter ausschlaggebend war, wie sich Ramin gegenüber seinem Vater verhielt. Rachid wurde von der Polizei zu dem Sorgerechtstermin begleitet, denn er saß nach wie vor in U-Haft.

Ich war sehr aufgeregt bei dem Termin und war froh, dass mein Vater mich begleitete, auch wenn er nicht mit in den Gerichtssaal durfte. Nachdem ich mit Ramin vor dem Richter Platz genommen hatte, kam auch schon Rachid mit einem Polizisten herein. Ramin saß auf meinem Schoss und wurde auf einmal ganz ängstlich beim

Anblick seines Vaters. Er klammerte sich an mir fest, fing an zu weinen und flüsterte mir ins Ohr: „Ich möchte hier nicht beim bösen Mann bleiben, bitte lass uns raus gehen."

Ich versuchte ihn zu beruhigen und hielt ihn ganz fest an mich gedrückt und versprach, ihn nicht alleine zu lassen.

Diese Szene hatte der Richter Gott sei Dank mitbekommen, so dass er mir erlaubte, Ramin raus zu seinem Opa zu bringen. Nachdem ich wieder auf meinem Stuhl Platz genommen hatte, fing Rachid an, mich verbal anzugreifen. Er schrie, dass es alles meine Schuld wäre, dass sein Sohn ihn nicht mehr kenne.

Der Richter griff ein und erklärte ihm, dass es sein eigenes Verschulden sei, dass Ramin Angst vor ihm habe. Er fragte ihn dann, wo er denn die letzte Zeit war und warum er sich nicht um seinen Sohn bemühte.

Mir war klar, dass der Richter ihm vor Augen halten wollte, dass sein Verhalten in der Vergangenheit nicht grade zu einem harmonischen Vater-Kind Verhältnis beigetragen habe.

Nach kurzer Zeit der Verhandlung stand die Entscheidung des Richters fest, und mir wurde das alleinige Sorgerecht zugesprochen. Rachid gab sich mit dieser Entscheidung natürlich nicht zufrieden und drohte mir lautstark noch im Gerichtssaal, alles dafür zu tun, seinen Sohn zu bekommen.

Der Richter gab ihm zu verstehen, dass er aufgrund seiner kriminellen und gewaltsamen Vergangenheit nie eine Chance auf das Sorgerecht haben werde.

Seine Drohung machte mir dennoch Angst, und ich hoffte, dass er keine weiteren Schritte einleitete, um ein mögliches Umgangsrecht einzuklagen. Doch glücklicherweise hörte ich diesbezüglich nie mehr was von ihm.

Das einzige was er noch versuchte, war, mich wegen der Scheidung umzustimmen. Er schrieb mir zwei Mal aus dem Gefängnis, dass ich es mir nochmal überlegen und ihm eine neue Chance geben solle.

Ich zerriss die Briefe und ignorierte seine Bitte. Für mich gab es kein Zurück mehr in diese schreckliche Ehe.

Es vergingen noch einige Monate, bis zum angesetzten Scheidungstermin. Ich konnte es kaum abwarten, endlich die Scheidungsurkunde in den Händen zu halten und es schwarz auf weiß zu sehen, dass ich nun diese Hürde hinter mir haben würde.

Der Tag der Scheidung ging ohne große Vorkommnisse vonstatten. Rachid würdigte mich während des Scheidungsurteils keines Blickes, auch kam kein Ton von ihm zu Ramin, worüber ich sehr froh war.

An diesem Tag sollte es das letzte Mal gewesen sein, wo wir beide uns begegneten. Bis heute habe ich Rachid nie wiedergesehen. Ein halbes Jahr später erfuhr ich von Bekannten, dass er kurz nach der Scheidung in seine Heimat abgeschoben wurde.

Für mich begann nun endlich ein normales Leben ohne Unterdrückung, ohne Gewalt und ohne ständige Kontrollen. Ich atmete wieder frei auf und dachte, jetzt beginne endlich MEIN Leben. Mein Leben, das ich selbst bestimmen konnte, mein Leben, das ich für mich und meinen Sohn selbst in der Hand hatte.

So dachte ich zumindest.

Niemals hätte ich mir vorstellen können, dass mir mein Leben erneut aus den Händen gerissen wurde.

Kapitel 10

Der Plan meiner Eltern

Ich genoss die Zeit mit meinem Sohn in unserem neuen gemütlichen Nest und freute mich jeden Tag, die Zeit intensiv mit ihm zu verbringen. Unsere Beziehung zueinander verfestigte sich immer mehr, und wir beide wussten, dass es nun keinen Menschen mehr geben würde, der uns drohte, ständig kontrollierte und mir gegenüber gewalttätig wurde.

Für mich war und ist mein Sohn mein ein und alles, und das sollte er immer spüren. Und auch er gab mir jeden Tag zu verstehen und ließ mich spüren, wie wichtig ich für ihn war.

Dennoch machte ich mir darüber Gedanken, ob Ramin alles, was hinter uns lag, seelisch unbeschadet verarbeiten konnte. Obwohl ich spürte, dass es Ramin gut ging, entschloss ich mich trotzdem, eine Mutter-Kind-Beratung aufzusuchen. Ich wollte einfach von jemand Außenstehendem hören, mir keine Gedanken machen zu müssen.

Beim ersten Termin ging ich noch ohne Ramin zur Beratung, um in Ruhe zu erzählen, was uns widerfahren war. Nachdem ich alles erzählt hatte, riet mir die Psychologin, Ramin für fünf Sitzungen zu ihr zu bringen. Meine Befürchtungen stellten sich glücklicherweise als unbegründet dar. Die Psychologin sicherte mir vielmehr zu, dass Ramin ein offenes und fröhliches Kind sei und ich mir keine Gedanken machen müsse.

Trotz meiner zurückgewonnenen Freiheit durfte ich nicht vergessen, dass ich eine Muslima bin, und daran erinnerten mich auch ständig meine Eltern.

Sie verlangten von mir weiterhin das Kopftuch zu tragen, mit ihnen regelmäßig die Moschee zu besuchen und an allen moslemischen Ritualen und Festen teilzunehmen.

Zunehmend spürte ich jedoch eine Abneigung gegen die strengen moslemischen Weisungen und merkte sehr schnell, dass das nicht mehr meine Welt war. Aber des Friedens willens und weil ich meinen Eltern gegenüber großen Respekt hatte, fügte ich mich den Glaubensvorschriften.

So fuhr ich, den Anschein wahrend, weiterhin mit Kopftuch zur Arbeit, doch bevor ich ins Büro ging, zog ich es im Auto wieder aus. Auch durfte ich in meiner Freizeit keine christlichen Freunde treffen. Dieses Versteckspiel führte dazu, dass ich anfing, meine Eltern zu belügen und ihnen gegenüber die gehorsame moslemische Tochter nur vorspielte. Aber allein zuhause und sobald ich nicht unter Beobachtung meiner Familie stand, machte ich das, worauf ich Lust hatte. Auch wenn ich dafür meine Eltern immer mehr anlügen musste, so konnte ich meine - leider nur zum Teil - zurück gewonnene Freiheit genießen.

Meine christlichen Freundinnen traf ich heimlich, und es ging sogar soweit, dass ich meine Lebensmittel, die nicht Halal (nach moslemischen Brauch geschlachtet) waren, sprich vom deutschen Metzger, im Kühlschrank ganz hinten versteckte, damit diese meine Eltern nicht sahen, wenn sie mich besuchten.

Für Ramin war es mittlerweile normal, dass es bei Oma und Opa Mahlzeiten nach moslemischem Glauben gab, es aber zuhause und im Kindergarten keine Rolle spielte.

Er war auch noch zu klein, um zu verstehen, was der eigentliche Hintergrund war. Für ihn war alles normal, bis zu dem Tag, als mein Vater ihn vom Kindergarten abholte und er von ihm wissen wollte, was er denn im Kindergarten zu Mittag gegessen habe.

Ramin erzählte ganz unbefangen, dass es leckeres Schweine-schnitzel gab und er sogar Nachschlag bekommen habe, weil es so lecker war.

Mein Vater fiel aus alles Wolken und schimpfte mit Ramin, dass er das nie wieder essen dürfe, da er doch Moslem sei. Auch ich musste mir für dieses Vergehen einen Vortrag anhören, und ich hätte Ramin doch gefälligst moslemisch zu erziehen und solle darauf achten, dass sowas nicht noch einmal vorkomme.

Ramin war natürlich sehr traurig darüber, mit dem Opa Ärger bekommen zu haben. Als wir wieder alleine zuhause waren, erklärte ich ihm, dass er weiterhin im Kindergarten essen dürfe, worauf er Lust habe und machte mit ihm aus, falls Oma oder Opa ihn fragen sollten, was er denn gegessen habe, er antworten solle, dass er das nicht mehr wisse.

Mir war bewusst, dass ich meinen Sohn damit zum Lügen angestiftet habe. Aber wichtig war mir, dass Ramin seine Freiheiten hatte und es ihm ohne Einschränkungen gut ging.

Nach circa drei Jahren fingen meine Eltern an, immer wieder Andeutungen zu machen, dass es so, wie ich im Moment lebte, nicht weiter gehen konnte. Es gehörte sich schließlich für eine moslemische Frau nicht, so lange alleine zu leben. Auch waren sie der Meinung, dass mein Sohn einen Vater bräuchte.

Immer wieder versuchte ich ihnen klar zu machen, dass ich so glücklich war, wie es im Moment ist und ich selbst entscheiden möchte, wann ich wieder eine Beziehung eingehen wollte. Doch leider ließen meine Eltern nicht locker. Ständig musste ich mir anhören, dass ich doch bald wieder heiraten sollte.

Als ich zusammen mit Ramin und meinen Eltern nach Marokko reiste, um Verwandte zu besuchen, redete die ganze Verwandt-schaft auf mich ein. Jede Bemühung, ihnen verstehen zu geben, dass ich meine Ruhe haben wollte, scheiterte. Ich versuchte ihnen klar zu machen, dass ich doch erst wieder angefangen hatte, Luft zu holen, nach dieser schrecklichen Ehe.

Schnell sprach es sich im Dorf herum, dass ich geschieden war. Es kam sogar soweit, dass einige marokkanische Familien meine Eltern fragten, ob ich nicht deren Sohn heiraten möchte.

Immer wieder musste ich deutlich werden und erklären, dass ich nicht mochte. Doch leider stieß ich da auf taube Ohren.

Wieder in Deutschland zurück ließen meine Eltern nicht locker, und der Druck von ihnen wurde immer größer. Ich versuchte, soweit es ging, dies zu ignorieren und dachte mir, die werden schon irgendwann aufgeben. Schließlich konnten sie mich nicht zwingen. Doch das war ein großer Irrtum.

Eines Tages luden mich meine Eltern zum Abendessen ein. Sie teilten mir mit, dass auch Freunde von ihnen mit eingeladen waren. Das Ganze kam mir komisch vor, da meine Mutter mich darum bat, ein traditionelles marokkanisches Kleid anzuziehen. Ich fragte natürlich meine Mutter, warum ich das machen sollte, doch sie wich meiner Frage aus und meinte nur, dass sie es gerne so möchte. Dem Frieden willen tat ich, was von mir verlangt wurde.

Im Laufe des Abends erfuhr ich dann, was das ganze Theaterspiel sollte. Dieser Abend diente augenscheinlich dazu, mir einen Mann für mein weiteres Leben zu vermitteln. Die Freundin meiner Mutter erzählte mir von ihrem Neffen in Marokko, der daran interessiert wäre, mich kennen zu lernen. Ohne meine Meinung zu hören und erstmal mit meiner Mutter alleine darüber zu reden, entschied meine Mutter, dass ich das zu machen habe.

Da ich mich nicht traute, Widerworte zu geben, blieb ich still und sagte kein Wort. Somit war für die Freundin meiner Mutter klar, dass ich damit einverstanden war. Innerlich kochte ich vor Wut und war unheimlich enttäuscht über das Vorgehen meiner Mutter. Meine Befürchtungen hatten sich damit bestätigt. Ich sollte wieder heiraten. Ob ich nun wollte oder nicht, interessierte keinen.

Nachdem der Besuch weg war, machten mir meine Eltern klar, dass es an der Zeit war, wieder einen Mann an meiner Seite zu haben. Die Leute würden schon anfangen zu reden, weil ich schon so lange allein lebte. Es gehörte sich einfach nicht für eine moslemische Frau, alleine und ohne männliche, führende Hand zu leben.

In den folgenden Tagen versuchte ich immer wieder mit meiner Mutter darüber zu reden, dass ich das nicht wollte und ich absolut nicht dazu bereit war, einen Mann zu heiraten, den ich nicht kannte.

Doch leider ging meine Mutter in keiner Weise auf meine Bedenken, Wünsche und Gefühle ein. Im Gegenteil, immer wenn ich das Gespräch mit ihr suchte, drehte sie sich wortlos um, ging zu meinem Vater und sagte ihm: „Kümmere dich mal um deine Tochter, die spinnt schon wieder rum!"

Ich fühlte mich von meiner Mutter verraten. Auch mein Vater zeigte keinerlei Verständnis und drohte mir, wenn ich nicht endlich aufhören sollte, mich zu wehren, würde er mich aus der Familie verstoßen. Ich sollte lieber froh sein, dass es einen Mann gab, der mich mit Kind noch nehmen würde. Und da ich mir meinen ersten Ehemann ausgesucht hatte und dies offensichtlich nach hinten los gegangen war, nahmen es jetzt meine Eltern in die Hand, einen vernünftigen Ehemann für mich zu finden.

Auch der Versuch meine Brüder darum zu bitten, mir aus dieser Lage zu helfen, scheiterte. Sie waren der gleichen Meinung wie meine Eltern. Niemand aus meiner Familie wollte verstehen, warum ich mich so gegen eine erneute Heirat wehrte. Meine Eltern und Brüder fingen verstärkt an, mich zu kontrollieren, weil sie vermuteten, dass ich einen anderen Freund hatte und ich mich deshalb gegen ihr Vorhaben wehrte.

Sie kamen regelmäßig ohne Vorankündigung mit einem Ersatzschlüssel einfach in meiner Wohnung. Ebenso hatten sie einen Schlüssel zu meinem Briefkasten und kontrollierten ganz selbstverständlich meine Post.

Ich fühlte mich ganz allein gelassen. Das Gefühl, mein Leben wieder aus meinen Händen geben zu müssen, belastete mich sehr. Es fühlte sich wie früher an. Ich hatte wieder schlaflose Nächte, und ich zermalmte mir den Kopf darüber, wie ich dem ganzen entfliehen konnte, fand aber keinen Ausweg.

Sehr bald musste ich feststellen, dass auch kein Kompromiss möglich war. Meine Eltern würden ohne Rücksicht auf mich und meine Gefühle ihren Plan durchziehen.

Kapitel 11

Brautbeschau in Marokko

Immer wieder musste ich mir von meiner Familie anhören, wie froh ich doch sein soll, dass mich überhaupt noch ein Mann zu seiner Ehefrau nehmen wolle. Es wäre nicht selbstverständlich, eine geschiedene Frau mit Kind zu heiraten.

Meine Eltern hörten einfach nicht auf, auf mich einzureden und mich unter Druck zu setzen. Fast jeden Tag rief mich meine Mutter an, und es gab nur noch das eine Thema. Ich hatte schon gar keine Lust mehr, den Hörer abzunehmen oder meine Eltern zu besuchen, weil ich wusste, dass unsere Gespräche sich nur ums Heiraten drehen würden.

Im Sommer stand wieder mal ein Besuch unserer Verwandtschaft in Marokko an. Diesmal konnte ich mich nicht darüber freuen, weil meine Eltern mir vor der Reise mitteilten, dass ich meinen „vermeintlich" zukünftigen Ehemann kennenlernen sollte.

Kaum in Marokko angekommen, ging es von allen Seiten nur darum, mir diesen ausgesuchten Mann schmackhaft zu machen. Meine Oma, meine Tanten und Cousinen redeten wie ein Wasserfall auf mich ein. Ich konnte sagen was ich wollte, keiner konnte und wollte meine Gefühle verstehen.

Und so kam es eines Morgens, dass meine Eltern mir für diesen Abend einen besonderen Besuch ankündigten. Natürlich wusste ich, dass es sich um die Familie des für mich ausgesuchten Mannes handelte.

Mir wurde schon ganz schlecht bei dem Gedanken, an diesem Abend mit wildfremden Menschen zusammen zu sitzen und zu wissen, was der vorbestimmte Grund war.

Und ich konnte dem ganzen Theater nicht entfliehen!

Stunden vorher wurden die Speisen für das Abendessen vorbereitet, das Haus geputzt, und ich musste das schönste traditionelle marokkanische Kleid anziehen, was in meinem Schrank zu finden war.

Je näher der Abend kam, desto mehr resignierte ich. Mir blieb nichts anderes übrig, als da mitzuspielen - und so tat ich das auch. Als der Besuch eintraf, sollte ich in der Küche warten bis ich gerufen werde. Meine Eltern empfingen die Gäste und führten sie in unser Wohnzimmer. Nach wenigen Minuten wurde ich dann hinzu gerufen.

Nun sah ich das erste Mal diesen Mann, der für mich ausgesucht worden war. Ich saß da und brachte keinen Ton aus mir raus. Das lag auch daran, dass meine Eltern mich vorher angewiesen hatten, nicht viel zu reden. Ich kam mir vor wie auf einem Heiratsmarkt aus dem letzten Dorf des Landes, bei dem es darum ging, mich von der schönsten Seite zu präsentieren.

Es unterhielten sich ausschließlich meine Eltern mit den Eltern des mir auserkorenen Mannes. Er selbst sprach kein Wort, sondern schaute mich nur an und grinste ständig zu mir rüber. Ich vermied den Blickkontakt und war froh, dass Ramin bei mir saß. Ich drückte ihn fest an mich und betete innerlich, dass dieser Abend schnell zu Ende gehen möge.

Nach dem kurzen gemeinsamen „Kennenlernen" verließen die Männer das Wohnzimmer um unter sich zu sein. Das Abendessen wurde - wie immer bei Besuchen - in getrennten Räumen für Frauen und Männer eingenommen. Beim Essen wurde nur über belanglose Sachen gesprochen; keiner fragte mich, was ich denn von … "ihm" hielte.

(Ich habe gezögert, weil ich diesem mir bedeutungslosen Menschen nicht mal einen auch nur erfundenen Namen geben möchte. Er bedeutete mir nichts, er war Luft für mich, völlig bedeutungslos. Deshalb werde ich ihn weiterhin nur als ‚bedeutungslos‘, was in der arabischen Sprache ‚blamaani‘ heißt, benennen).

Offensichtlich war die Entscheidung bereits gefallen: ich hatte Blamaani *(Ja, diese Benennung passt sehr gut)* zu heiraten.

Trotzdem hatte ich immer noch die Hoffnung, dass auch ich gehört werden würde und ich dieser geplanten Zwangsehe irgendwie entkommen konnte. Der Abend ging langsam zu Ende ohne überhaupt ein einziges Wort mit Blamaani gesprochen zu haben. Wie konnte man nur glauben, dass ich diesen fremden Mann jetzt heiraten mochte? Ich kannte ihn nicht und wusste außer seinem Namen nichts von ihm.

Nachdem der Besuch weg war, verhielten sich alle so als wäre nichts besonders geschehen, als wäre es ein ganz normaler Abend unter Freunden gewesen. Auch mein Versuch, mit meiner Mutter nochmal darüber zu sprechen, scheiterte vollkommen. Sie ließ diesbezüglich nicht mit sich reden und blockte jegliche Annährung meinerseits vollkommen kalt und gefühlslos ab.

Ich versuchte bei meiner Tante ein offenes Ohr zu finden, doch auch das war völlig chancenlos. Meine Tante hörte mir zwar zu, doch sie versuchte mich nur zu beruhigen und mich umzustimmen, dass es so, wie geplant, das Beste für mich und Ramin wäre. Schließlich wäre Blamaani ein sehr vernünftiger und anständiger Mann, im Gegensatz zu meinem Exmann. Ich fragte meine Tante, wie sie oder meine Eltern dies beurteilen könnten, da sie ihn doch auch nicht kannten. Aber sie winkte nur ab und sagte, dass schon alles gut werde.

Ich spüre und wusste, dass eben nicht alles gut wird, wenn es wirklich zu dieser arrangierten Hochzeit kommen sollte.

Die letzten Tage in Marokko vergingen ohne jemanden für meine Seite und meine Sichtweise gewinnen zu können. So gerne ich immer bei meiner Verwandtschaft in Marokko war und die Zeit dort sehr genoss, diesmal konnte ich den Tag der Rückreise nach Deutschland kaum abwarten. Ich brauchte erstmal Abstand um nachzudenken, wie es weiter gehen sollte.

Aber eins wusste ich mit ganz großer Sicherheit: ich wollte diesen fremden Mann unter keinen Umständen heiraten. Da alle aus meiner Familie anderer Meinung waren, wusste ich, dass ich von niemanden Rückhalt bekommen würde.

Nun stand ich wieder alleine da und versuchte, irgendwie einen Ausweg aus dieser verzwickten Lage zu finden. Aber wie sollte dieser aussehen ohne dabei meine Familie zu verlieren? Ich hatte keine Ahnung. Ich fühlte mich vollkommen leer.

Nach Deutschland zurückgekehrt war ich erstmal froh, in meinen eigenen vier Wänden zu sein. Ich brauchte ein paar Tage bis ich realisierte, was in Marokko vorgefallen war. Ich konnte es nicht glauben, wie über mein Leben bestimmt wurde. Doch noch war nichts passiert, und so hatte ich weiterhin die Hoffnung, dass sich für mich alles zum Positiven wendete. Tief in mir spürte ich jedoch ein ungutes Gefühl, dass eben nicht alles gut gehen und ich vor einer wegweisenden Entscheidung stehen würde. Davor hatte ich Angst.

Selbst als ich meiner marokkanischen Freundin anvertraute, was meine Eltern mit mir vorhatten, fand ich in ihr keine Verbündete. Auch sie war der Meinung, dass ich doch froh darüber sein sollte, und sie riet mir, mich damit abzufinden. Schließlich sei ich eine moslemische Frau und da ist es nun mal so. Ich war sehr enttäuscht von meiner Freundin und hatte das von ihr so nicht erwartet.

In den nächsten Monaten gab ich aber die Hoffnung nicht auf, noch irgendwie aus der ganzen Geschichte raus zu kommen. Ich versuchte immer wieder meinen Eltern klar zu machen, dass ich nicht heiraten wollte, ich noch Zeit für mich brauchte und ich selbst entscheiden wollte, wann und wen ich heiraten mochte.

Aber ich stieß nur auf taube Ohren. Für meine Eltern war es klar, dass ich Blamaani zu heiraten hatte, punkt, aus. Jeder Versuch meinerseits, in Ruhe mit meinen Eltern zu reden, artete in lauten Streit aus. Wir schrien uns an, ich weinte vor Wut und Enttäuschung, aber das ließ meine Eltern kalt.

Einmal ging unser Streit soweit, dass mein Vater mir während der Diskussionen eine Ohrfeige verpasste, mir drohte und mich anschrie: „Glaub' ja nicht, dass du deinen Balg hierlassen kannst, falls du mit dem Gedanken spielst, abzuhauen, und ich ihn dann am Bein habe. Eher verjag' ich dich mit deinem Balg aus der Familie, und ihr kommt nie wieder zurück!"

Ich war geschockt und brachte keinen Ton mehr raus. Selbst meine Brüder, die alles hautnah mitbekommen hatten, nahmen mich nicht in Schutz. Ich schnappte mir Ramin, der leider alles mit ansehen und anhören musste und fuhr mit ihm nachhause. Ich konnte es nicht fassen, dass mein Vater das wirklich zu mir gesagt hatte.

Nach diesem Vorfall meldete ich mich ein paar Tage nicht bei meinen Eltern. Auch habe ich nichts von ihnen gehört, weder eine Entschuldigung seitens meines Vaters, noch ein Gespräch darüber, was er mir angedroht hatte. Mir war klar, dass er das nicht nur aus Wut geäußert hat, er meinte es verdammt ernst.

Am liebsten hätte ich meine Sachen gepackt und wäre irgendwohin, wo mich keiner finden konnte und ich von alldem Theater meine Ruhe hatte. Doch das konnte ich nicht, dazu hatte ich einfach zu viel Angst vor dem, was danach passieren würde - und wohin hätte ich überhaupt gehen können?!

Meine Mutter meldete sich nach ein paar Tagen wieder, um sich nach mir und Ramin zu erkundigen. Ich solle den Vorfall mit meinem Vater vergessen, riet sie mir, schließlich wüsste ich, wie mein Vater wäre. Sie versuchte es schön zu reden und meinte, dass sie und Vater nur das Beste für mich wollten.

So vergingen ein paar Monate, in denen ich wie gewohnt zur Arbeit ging, Ramin in den Kindergarten brachte und meine Eltern ihn abholten und ihn zu sich nahmen, bis ich von der Arbeit kam, um Ramin dann zu mir mitzunehmen.

Jeden Nachmittag, wenn ich Ramin von meinen Eltern abholte, hoffte ich, dass meine Eltern Einsicht zeigen würden und das Thema „Heiraten" endlich vom Tisch war. Doch diese Hoffnung trat nicht ein. Sie verhielten sich weiterhin so, als wäre alles normal. Ich selbst traute mich nicht mit dem Thema wieder anzufangen, aus Angst vor meinem Vater.

Eines Tages, als ich mit Ramin meine Eltern besuchte, verkündeten sie mir, dass es nun soweit wäre. In zwei Wochen sollte ich mit meinem Vater nach Marokko fliegen, um Blamaani standesamtlich zu heiraten. Es war alles organisiert, und der Flug war gebucht. Ramin sollte ich in der Zeit bei meiner Mutter in Deutschland lassen.

Ich sagte nichts dazu, ich versuchte erst gar nicht mich dagegen zu wehren. Es hatte keinen Sinn! Für mich war es nun zur bitteren Wahrheit geworden: ich würde heiraten müssen, ob ich wollte oder nicht.

Mittlerweile ließ ich alles über mich ergehen, da ich weder die Hoffnung noch länger die Kraft hatte, etwas daran ändern zu können. Ich hatte mich meinem Schicksal ergeben und mich damit abgefunden.

Allein und ohne jegliche Unterstützung durch andere hatte ich keine Chance. Ich hatte resigniert und aufgehört dagegen zu kämpfen. Zu groß war die Angst, ganz alleine zu sein und meine Familie zu verlieren, die mir trotz allem immer noch sehr viel bedeutete.

Kapitel 12

Meine Zwangsehe

Die zwei Wochen vor dem Flug nach Marokko waren für mich sehr belastend. Ich stand völlig neben mir und wollte nicht wahrhaben, was mir bevorstand. Auf der Arbeit konnte ich mich kaum konzentrieren, ständig musste ich daran denken, einen wildfremden Mann heiraten zu müssen.

Meiner Chefin erzählte ich nicht den wahren Grund, warum ich für paar Tage frei brauchte, zu sehr schämte ich mich dafür, dass ich zwangsverheiratet werden sollte. Die Zeit bis zum Tag des Abflugs verging, ohne dass ich irgendwas an der Situation ändern konnte.

Am Tag des Abflugs ging es mir sehr schlecht. Schon morgens beim Aufstehen fühlte ich mich leer und antriebslos, ich aß kaum was und funktionierte nur noch irgendwie. Für mich hat das alles keinen Sinn mehr gehabt. Am liebsten hätte ich mich in einem Loch verkrochen und wäre da nicht mehr rausgekommen.

Mein Onkel fuhr meinen Vater und mich rechtzeitig zum Flughafen. Ramin durfte ich nicht mitnehmen, er blieb während der Zeit meiner Abwesenheit bei meiner Mutter. So gerne hätte ich meinen Sohn doch bei mir gehabt, weil er die einzige Person war, die mir ein Gefühl der Sicherheit gab und er mir mit seinen fünf Jahren jeden Tag die Liebe schenkte, die ich bei meiner Familie vergebens suchte.

In Marokko angekommen musste ich erstmal meinen Reisepass bei meinem Vater abgeben. Er verlangte das einfach, ohne mir zu erklären warum, und ich fragte auch nicht danach. Mir war eh klar, dass er damit verhindern wollte, dass ich vor der Hochzeit wieder heimflöge.

Meine Großeltern und der Rest der Verwandtschaft verhielten sich mir gegenüber völlig normal, und keinen wunderte es, dass ich in mich gekehrt war und kaum mit jemanden gesprochen habe, wenn es nicht unbedingt nötig war.

Sie taten es damit ab, dass ich vor der standesamtlichen Hochzeit sicherlich sehr aufgeregt sei. Ich versuchte erst gar nicht zu erklären, dass es nichts damit zu tun hatte, und ich wusste, dass es keinen Sinn mehr haben würde, dagegen zu kämpfen, schließlich sollte ich deren Meinung nach einfach froh sein, so wie es für mich geplant war.

In der Nacht vor dem standesamtlichen Termin machte ich kein Auge zu. Ich fühlte mich gefangen und total hilflos. Die Vorstellung mit einem fremden Mann zusammen zu leben und ihn mein Leben bestimmen zu lassen, machte mich völlig krank. Aber mir waren die Hände gebunden, ich konnte nichts tun, außer dem gehorchen, was von mir verlangt wurde. Ich hatte auch große Angst, meinen Sohn nicht wieder zu sehen und in diesem Land gefangen zu bleiben. Denn ohne meinen Reisepass konnte ich schließlich nicht weg.

Nun war es soweit, der Tag, ab dem mein Leben fremdbestimmt würde, war da. Ich wurde zwangsverheiratet. Mein Vater, mein Onkel und ich fuhren zum Standesamt. Dort wartete bereits mein vermeintlicher „Ehemann" mit seinem Vater. Außer einem kurzen kalten „Hallo" zur Begrüßung vermied ich jeglichen Blickkontakt. Wir wurden in einen kleinen kargen Raum geführt. Nichts erinnerte daran, dass in diesem Raum Ehen geschlossen werden, es stand dort lediglich ein Tisch mit drei Stühlen.

Ich nahm mit Blamaani vor dem Schreibtisch Platz; der Standes-
beamte saß uns gegenüber. Mein Vater, mein Onkel und sein Vater
standen hinter uns. Es lagen zwei Zettel in arabischer Schrift auf
dem Tisch. Da ich in Deutschland geboren bin und nur die
berberische Muttersprache konnte aber die arabische Landes-
sprache weder sprechen noch schreiben gelernt habe, wusste ich
nicht, was darauf stand, noch verstand ich die gesprochenen Worte
des Standesbeamten. Nach wenigen Minuten forderte mein Vater
mich auf, den Kugelschreiber in die Hand zu nehmen und diesen
Zettel zu unterschreiben. Mit zittriger Hand tat ich, was von mir
verlangt wurde, ich unterschrieb, nachdem auch Blamaani unterschrieben hatte.

Nun war es also wirklich passiert, mein schlimmster Alptraum war
wahr geworden, ich war jetzt zwangsverheiratet! Verheiratet mit
einem mir völlig fremden Menschen, von dem ich absolut nichts
wusste und er eben so wenig von mir.

Nach Verlassen des Büros trennten sich unsere Wege erstmal
wieder. Ich fuhr mit meinem Vater und wollte einfach nur wieder
zurück nach Deutschland, heim zu meinem Sohn.

Zwei Tage später gab mir mein Vater meinen Reisepass zurück
und erklärte mir, dass ich alleine zurückfliegen werde, da er noch
einiges hier am Haus zu tun habe. Er drückte mir auch die Heiratsurkunde in die Hand und sagte, ich wüsste ja, was ich in
Deutschland zu tun hätte. Damit meinte er die Beantragung der
Familienzusammenführung bei der Ausländerbehörde. Schließlich
sollte mein „neuer Ehemann" doch schnellstmöglich nach
Deutschland einreisen dürfen und bei mir leben.

Ich war einfach nur froh, als ich meinen Reisepass und mein
Rückflugticket in den Händen hielt, und ich konnte es kaum
abwarten, von hier weg zu kommen und im Flugzeug zu sitzen.

Endlich war es soweit, ich saß im Flieger, alleine zurück, Richtung Deutschland. Ich konnte es kaum erwarten, meinen Sohn, der in den knapp zwei Wochen bei meiner Mutter in Deutschland geblieben war, wieder bei mir zu haben und in unseren eigenen vier Wänden zu sein. Ich wollte eigentlich mit niemandem sprechen, noch jemanden sehen, ich musste erstmal alles sacken lassen, was in Marokko passiert war. Ich war völlig starr, wütend und gleichzeitig traurig, dass meine Eltern, meine eigene Familie sowas mit mir gemacht hatte.

Und trotzdem erhoffte ich mir bei meiner Mutter ein offenes Ohr zu finden, mit ihr über meine Ängste und Zweifel zu sprechen. Ich hoffte so sehr, Zugang zu ihr zu finden und wollte unbedingt die Abwesenheit meines Vaters nutzen, der ja noch in Marokko war und sie nicht beeinflussen konnte.

Aber leider habe ich mich auch da sehr geirrt, denn sie ließ nichts an sich ran. Mal wieder musste ich mir anhören, dass ich doch jetzt glücklich sein soll, jede andere Frau in meiner Lage wäre es. Ich kam mir vor, als wäre ich die letzte Frau auf dieser Welt und ich jedem zu danken habe für diese Ehe, die mir aufgezwungen wurde.

So nahm ich meinen Sohn und fuhr nachhause, enttäuscht, wütend und unendlich zutiefst traurig. Ich fragte mich, wie kann eine Mutter ihre eigene Tochter so traurig sehen, so was antun, als wäre es das Normalste auf der Welt.

Aber leider wusste ich, dass meine Mutter immer die Augen vor der Wahrheit geschlossen hielt, auch sie war gefangen, auch sie durfte keine eigene Meinung haben. Sie funktionierte immer so, wie es mein Vater wollte, und da gehörten eigene Gefühle und Ansichten nun mal nicht hin.

Die nächsten Tage ging ich, äußerlich ganz normal, wieder zur Arbeit und tat gegenüber meinen Arbeitskollegen erneut so, als wäre alles in bester Ordnung. Aber es war nichts, vollkommen gar nichts in Ordnung.

Der Besuch bei der Ausländerbehörde stand mir noch bevor, um die Familienzusammenführung zu beantragen, damit mein angetrauter Ehemann ein Visum bekäme, um nach Deutschland einreisen zu können.

Immer wieder zerbrach ich mir darüber den Kopf, wie ich aus dieser Lage wieder rauskommen konnte, kam aber zu keiner Lösung. Zu groß war die Angst vor den Drohungen und Maßnahmen meines Vaters sowie von meiner ganzen Familie verstoßen zu werden.

Wo sollte ich auch hin, alleine und mit einem kleinen Kind?!

Da niemand wusste, was mir widerfahren war, konnte mir auch keiner helfen. Ich traute mich immer noch nicht, auch nur irgendjemanden davon zu erzählen.

Deshalb gab ich auf.

Ich gab auf, mir darüber den Kopf zu zerbrechen, wie ich da rauskomme. Ich gab auf, bei meiner Familie nach Verständnis zu suchen. Im Grunde genommen gab ich mein Leben auf. Mein Leben wurde ab jetzt fremdbestimmt. Damit hatte ich mich abzufinden, schließlich sollte ich doch einfach nur froh sein.

Tief im Inneren wollte ich es aber nicht, doch ich musste. Meine Angst vor dem, was sonst kommen könnte, war viel zu groß. Und diese Angst davor hatte gesiegt - erstmal.

Kapitel 13

Familienzusammenführung

Bevor ich mit meinen Unterlagen zur Ausländerbehörde konnte, musste ich erstmal die Heiratsurkunde vom Arabischen ins Deutsche übersetzten lassen. Das erfolgte beim marokkanischen Konsulat in Frankfurt. Bei der Ausländerbehörde ging es anschließend recht reibungslos vonstatten. Mit der übersetzten Heiratsurkunde und den nötigen Unterlagen füllte ich schnell, als würde es mich gar nicht betreffen, diesen vermeintlichen Antrag zur Familienzusammenführung aus. Ich war emotionslos aber auch traurig, stand neben mir, als wenn ich mich dabei selbst beobachtete, was ich da machte.

Der Sachbearbeiter hatte keinerlei Fragen und erklärte mir, dass es nun etwa drei Wochen dauern könne, bis die Papiere bearbeitet seien und somit mein vermeintlicher Ehemann aus Marokko einreisen dürfe.

Meine Eltern freuten sich, dass es nun bald soweit war und ich einen Ehemann zuhause haben und der dann auf mich aufpassen würde.

Natürlich kamen von Blamaani auch regelmäßig Anrufe aus Marokko. Er fragte immer wieder, ob ich schon eine Nachricht vom Amt bekommen habe und teilte mir mit, wie sehr er sich doch freue, dann endlich bei mir zu sein.

Ich hielt diese Telefonate so kurz wie möglich und sprach nicht viel mit ihm. Ich wollte einfach nicht dran denken, ihn bald in meiner Wohnung zu haben und so tun zu müssen, als wäre alles schön und harmonisch.

Mir wurde ganz schlecht bei dem Gedanken, mit einem fremden Mann mein Bett teilen zu müssen. Doch ich konnte die Zeit leider nicht anhalten, und so kam das, was kommen musste: der Brief von der Ausländerbehörde mit der Mitteilung, dass Blamaani nach Deutschland einreisen durfte. Keine vier Wochen hatte das gedauert.

Voller Freude rief mich Blamaani an und teilte mir mit, dass auch er die Unterlagen von der Behörde bekommen habe und es nun nicht mehr lange dauerte, bis er bei mir sei. Ich erwiderte nicht viel, blieb emotionslos, er sollte merken, dass ich mich nicht darüber freute.

Nachdem ich auch meinen Eltern mitgeteilt hatte, dass Blamaani bald nach Deutschland komme, erklärten sie mir, dass es nun daran gehe, die Feierlichkeit zu planen. Schließlich kann man nicht einfach beim Standesamt heiraten ohne danach mit der Verwandtschaft, den Freunden und Nachbarn zu feiern.

Und da hat es mal wieder niemanden interessiert, ob ich das wollte oder nicht. Es wurde so beschlossen und fertig. Nach der Feier sollte dann Blamaani bei mir einziehen, und bis zu diesem Tag würde er vorerst bei seiner Verwandtschaft unterkommen.

Es vergingen dann grad mal zwei Wochen bis Blamaani einreiste. Ihn am Flughafen abzuholen blieb mir Gott sei Dank erspart. Das taten die Verwandten, bei denen er bis zur Feier wohnen sollte.

Die Planung für die Feier selbst nahmen überwiegend meine Eltern in die Hand. Das einzige was ich entscheiden durfte war, was ich an dem Abend der Feier anziehen wollte.

Es wurde ein großer Saal und ein Fotograf gemietet, ebenso Köche, die das Essen für die fast 200 geladenen Gäste zubereiteten. Alles sollte so aussehen, als habe ich endlich mein großes Glück gefunden und wie glücklich ich jetzt sei.

Ich ließ alles über mich ergehen. Ich spielte dieses Spiel gegen meinen Willen einfach mit. Der Abend war für mich die reinste Qual. Das Einzige, an das ich mich hielt, war mein Sohn, wenn er bei mir saß und unbeschwert mit seinen kleinen Freunden mitfeierte. Ihn bei mir zu haben, ließ mich diesen absurden Abend ertragen und gab mir Kraft, das auszuhalten.

Alle Gäste kamen mit ihren schönsten traditionellen Kleidern an und beglückwünschten mich und meinen neuen Ehemann, der über die ganze Feier hinweg natürlich neben mir saß. Die Menschen tanzten um uns herum, aßen und tranken und feierten bis tief in die Nacht.

Niemand wunderte sich drüber, dass ich mich kaum mit meinem Ehemann unterhielt, wenig mit ihm tanzte und mir immer wieder die Tränen übers Gesicht liefen. Alle sahen das als Freudetränen an, niemand hat nur einen Hauch daran gezweifelt, dass ich dieses ganze Theater gar nicht wollte.

Es ließ sich auch kaum jemand nehmen, ein Foto mit der für sie anscheinend glücklichen Braut zu machen. In mir tobte das totale Gefühlschaos, war traurig, und trotzdem musste ich lächeln. Immer wieder forderten mich Gäste zum Tanzen auf, was ich widerstandslos tat. Ich brauchte nur ins Gesicht meiner Mutter zu schauen, um zu wissen, dass ich mich nicht trauen sollte, mich in irgendeiner Art und Weise zu wehren. Die Fassade musste aufrecht erhalten werden, wie glücklich wir als Familie waren.

Ich kam mir vor wie eine Schauspielerin in einem sehr schlechten Film. Einen Film, den ich auch noch finanziell unterstützen musste. Mein selbstverdientes, mühselig gespartes Geld floss in die Feierlichkeiten mit ein. Denn einen großen Anteil der Feier musste ich mit bezahlen, und einen kleinen übernahmen Blamaanis und meine Eltern.

Nachdem es immer später wurde und die Gäste nach und nach gingen, kam das Schlimmste für mich. Blamaani und ich fuhren gemeinsam zu mir nachhause. Meine Eltern nahmen meinen Sohn mit zu sich, damit wir eine ungestörte erste Nacht verbringen konnten. Auch das entschieden sie selbst, da wurde ich oder mein Sohn nicht gefragt, ob wir das wollten.

Nun saß ich im Auto mit meinem vermeintlichen Ehemann, und von meinem Vater persönlich wurden wir nachhause gefahren. Ständig versuchte Blamaani während der Fahrt meine Hand zu halten, aber ich schob sie immer wieder weg.

Zuhause angekommen wollte ich einfach nur raus aus diesem schweren traditionellen Kleid und mich danach am liebsten im Zimmer einschließen. Doch so einfach war das leider nicht. Nachdem wir uns umgezogen hatten, setzen wir uns zusammen ins Wohnzimmer. Erst sprach keiner ein Wort, bis Blamaani meine Hand in die seine nahm und sie festhielt. Er sagte mir dann, wie glücklich er sei, bei mir zu sein und das alles gut werden würde. Er würde verstehen, dass es jetzt am Anfang schwer für mich sei, aber er werde alles dafür tun, um mich glücklich zu machen. Er wolle doch schließlich nur eine glückliche Familie mit mir haben. Auch erwähnte er, wie dankbar wir sein sollten, dass wir zwei uns „gefunden" hätten, und mein Sohn durch ihn jetzt eine intakte Familie bekäme.

Ich riss meine Hand aus seiner weg und schrie ihn an, er solle den Mund halten. Da er nur marokkanisch verstand und ich mich besser auf Deutsch äußern konnte, viel es mir schwer, ihm klar zu machen, dass ich das Ganze nicht wollte und ich es einfach nicht verstehen könne, dass er das ganze Spiel so einfach mitgemacht hat.

Mit Händen und Füßen habe ich es geschafft, ihm dies klar zu machen. Er versuchte mich zu beruhigen und erklärte mir immer wieder, dass alles gut werde, ich solle einfach an das Positive glauben.

Ich war müde und erschöpft von dem langen Abend und hatte keine Kraft mehr, mich mit ihm weiter darüber auseinander zu setzen. Ich ließ ihn sitzen und ging ins Bett.

Keine zehn Minuten später kam auch er ins Bett und legte sich neben mich. Ich hoffte und betete, dass er sich zurückhielt und mich nicht anfasste. So war es Gott sei Dank auch. Irgendwann schlief ich erschöpft ein.

Als ich am nächsten Morgen wach wurde, hoffte ich so sehr, dass alles nur ein schlimmer Traum gewesen war. Ein Blick zur Seite reichte, um zu wissen, dass leider alles wirklich geschehen war. Mir wurde übel bei seinem Anblick und hätte ihn am liebsten angeschrien, dass er aus meinem Bett und aus meinem Leben verschwinden soll. Ich konnte mich beherrschen und stand müde und kraftlos auf. Meine Gedanken richteten sich auf meinen Sohn, den ich erstmal wieder bei mir zuhause haben wollte, um einigermaßen ein Gefühl der Sicherheit zu haben.

Ich machte weder Frühstück, noch sprach ich einen guten Morgen Blamaani gegenüber aus, der inzwischen wach geworden war. Er sollte spüren und merken, dass ich nicht umzustimmen war und dass er endlich verstand, bei mir nichts erreichen zu können. Er sollte aus seinem Traum erwachen und sehen, dass ich nicht die Richtige für ihn war.

Als er schließlich bei mir in der Küche stand und er kleine Annährungsversuchte machte, blieb ich eiskalt und drehte ihm den Rücken zu. Er murmelte irgendwas auf marokkanisch und ging mit hängenden Schultern ins Bad.

In dem Moment rief mich meine Mutter an und fragte, ob alles gut wäre. Ich antwortete nur knapp mit einem „ja" und fragte nach meinem Sohn. Er schlief aber noch, da der Abend der Feier auch für ihn sehr lang ging und es außerdem noch sehr früh am Morgen war. Ich bat meine Mutter mich anzurufen, sobald Ramin wach geworden war, um ihn dann abzuholen und legte schnell auf.

Mir war einfach nicht danach, mich weiter mit meiner Mutter zu unterhalten, weil ich genau wusste, dass sich das Gespräch nur um die Feier drehen würde. Ich ging ins Wohnzimmer, setze mich aufs Sofa und dachte nach, wusste aber nicht, was ich als Nächstes tun sollte. Ich fühlte mich leer, erschöpft und von allen verlassen. Ich saß da und fragte mich, was ich denn so Schlimmes getan hatte, dass ich so dermaßen bestraft wurde. Und was musste ich tun, um endlich mein Leben so leben zu können, wie ich es für richtig hielt? Was nur?!

Ich war versunken in meinen Gedanken als Blamaani ins Wohnzimmer kam und mich etwas fragte, was ich aber erstmal nicht hörte. Er fragte mich, ob er Frühstück vorbereiten soll und was ich denn am liebsten essen mochte. Ich antwortete nur kurz, dass ich keinen Hunger habe und ich nur darauf warte, Ramin abholen zu können.

Er setzte sich zu mir und wollte erneut meine Hand nehmen, was ich nicht zuließ. Er schaute mich traurig an und bat mich, uns doch eine Chance zu geben.

Ich konnte jetzt nicht mehr länger ruhig bleiben. Ich schrie ihn an, dass er verschwinden solle und dass das alles nichts bringe. Dann stand ich auf und zeigte zur Haustür. Er sollte seine Sachen packen und einfach gehen. Ich versicherte ihm, dass ich nie irgendwelche Gefühle für ihn entwickeln würde und dass es für ihn die reinste Zeitverschwendung sei, darauf zu hoffen.

Er rührte sich nicht vom Fleck, schaute mich irritiert an und ging in die Küche, um sich selbst sein Frühstück zu machen, als wäre es das normalste auf der Welt.

Nach einer gefühlten Ewigkeit rief endlich meine Mutter an und sagte mir, dass ich Ramin abholen könne. Wortlos verließ ich die Wohnung und war froh, für einen kurzen Moment alleine im Auto zu sitzen.

Bei meinen Eltern versuchte ich mich nicht lange aufzuhalten. Meine Mutter fragte nochmal, ob alles in Ordnung sei und wie es Blamaani gehe. Wütend schaute ich sie an und sagte nichts. Ich schnappte mir meinen Sohn und fuhr wieder heim.

Wieder zuhause mit Ramin, versuchte ich ihm gegenüber nicht anmerken zu lassen, wie schlecht es mir ging. Ramin sollte nicht merken, dass absolut nichts mehr in Ordnung war in meinem Leben. So verbrachte ich diesen ersten Tag nach der Hochzeitsfeier viel in Ramins Zimmer und spielte mit ihm und machte ihm später was zum Abendessen.

Sobald ich in der Küche beschäftigt war, fing Blamaani mit Ramin zu spielen. Ich ließ es zu, schließlich wollte ich nicht vor Ramin einen Streit provozieren, den er nicht verstand.

Der Tag ging rum ohne mich über irgendetwas mit Blamaani unterhalten zu haben. Ich hoffte, wenn ich ihn einfach nur ignorierte, dass er unsere Hochzeit endlich als Fehler erkannte und freiwillig ging.

Ich brachte Ramin ins Bett, und er schlief schnell ein. Auch ich wollte müde ins Bett und diesen Tag hinter mich bringen. Wieder hoffte ich, dass mich Blamaani in Ruhe ließ, doch kaum lag ich im Bett, kam er angeschlichen und legte sich zu mir. Ich tat so, als wenn ich schon schliefe, doch das hinderte ihn nicht daran, meine Nähe zu suchen und immer mehr an mich ran zu rücken. Ich machte mich ganz steif vor Schreck, und mein Herz klopfte so laut, dass ich dachte, es springt mir gleich raus. Plötzlich spürte ich seine Hand auf meinen Oberschenkel, und ich sprang erschrocken aus dem Bett.

Ich machte das Licht an und schaute ihn wütend an. Ich sagte ihm mit zugebissenen Zähnen, er solle ja nicht wagen, mich noch einmal anzufassen. Er sah mich nur kopfschüttelt an und drehte sich zur Seite.

Am liebsten hätte ich ihn angeschrien und mit dem nächstbesten Gegenstand beworfen, doch ich wollte nicht, dass Ramin wach wurde und was von dieser Szene mitbekam.

Ich griff nach meiner Decke und dem Kissen und ging ins Wohnzimmer, um dort die Nacht zu verbringen. Aber ich konnte kein Auge zu machen, und wieder gingen mir Millionen Sachen durch den Kopf. Ich bekam regelrecht Kopfschmerzen, und mir wurde übel bei dem Gedanken an den nächsten Tag.

Wie sollte ich das alles noch überstehen? Erschöpft schlief ich dann irgendwann ein.

Als ich am nächsten Tag wach wurde, war ich froh, dass es Montag war und ich einigermaßen meinen Alltag auf der Arbeit nach gehen konnte. Auch war ich froh, Ramin in den Kindergarten bringen zu können. Er sollte so wenig wie möglich mitbekommen, welche Stimmung bei uns zuhause herrschte und wie unglücklich ich war.

Immer noch tat ich auf der Arbeit so, als wäre alles in Ordnung. Keinem erzählte ich nur ein Wort davon, dass ich wieder verheiratet war und ich einen Mann zuhause sitzen hatte, mit dem ich nichts zu tun haben wollte.

Die Zeit auf der Arbeit ging viel zu schnell rum. Am liebsten hätte ich bis spät in die Nacht gearbeitet, nur um nicht heimfahren zu müssen und der Realität ins Gesicht zu schauen. Mir wurde wieder ganz schlecht bei diesem Gedanken.

Bevor ich heimfuhr, holte ich Ramin wie immer von meinen Eltern ab. Da ich bis zum späten Nachmittag arbeitete, holte mein Vater Ramin immer gegen Mittag vom Kindergarten ab, und er blieb bei meinen Eltern, bis ich Feierabend machte.

Bei meinen Eltern hielt ich mich nicht lange auf. Meine Mutter kam noch nicht mal auf die Idee nachzufragen, wie es mir ging. Nein, sie fragte nur nach dem Wohlergehen meines neuen Ehemanns. Ich antwortete kurz mit einem „gut" und fuhr mit meinem Sohn heim.

Für meine Eltern schien die Welt in Ordnung zu sein. Ihre Tochter war in sicheren Händen und alle waren froh und glücklich, dass ich einen Mann hatte, der auf mich aufpasste.

Und was natürlich auch sehr, sehr wichtig für meine Eltern war, dass die Leute nur Gutes über unsere Familie sprachen. Niemand hatte nunmehr einen Grund, über mich herzuziehen und Gerüchte in die Welt zu setzen, wie, ich würde ohne jegliche Kontrolle leben und womöglich auf den dummen Gedanken kommen, unbekannte Herrenbesuche zu empfangen. Nun hatten meine Eltern das, was sie wollten, und die Leute hatten das, was sie sehen sollten, einen Ehemann für mich, der mich durch mein Leben führte und alles kontrollierte, was ich zu tun und zu lassen hatte.

Meine Eltern und Verwandten waren glücklich darüber, und das war das was zählte. Ob ich glücklich war oder nicht, das war zweitrangig, das interessierte nicht wirklich irgendjemanden.

Zuhause machte ich abends wieder Ramin fürs zu Bett gehen fertig und blieb solange bei ihm im Zimmer bis er eingeschlafen war. Jede Minute die ich nicht mit Blamaani in einem Raum verbringen musste, war für mich eine Erleichterung.

Aber leider konnte ich nicht die ganze Nacht im Kinderzimmer verbringen. So ging ich ins Wohnzimmer und hoffte, dass Blamaani ebenfalls gleich ins Bett ginge und ich mich nicht mit ihm unterhalten musste. Meine Hoffnung war leider von kurzer Dauer.

Als hätte er nur darauf gewartet, dass ich wieder ins Wohnzimmer zurückkam, fing er an, auf mich einzureden. Ich solle mich ändern, und ich hätte es zu schätzen, ihn jetzt als Ehemann zu haben und dass ich nicht zu vergessen habe, doch eine Muslima zu sein und ihn, als Mann, zu respektieren habe. Ich solle keine Schande über meine Familie bringen, schließlich wollten doch alle nur das Beste für mich.

Er fing auch an, mir irgendwelche und schon oft gehörte Vergleiche zu bringen, dass jede andere Frau in *meiner Lage* glücklich wäre. Ich müsste doch als moslemische Frau am besten wissen, was sich gehörte und was nicht.

Ich schaute ihn nur stumm an, drehte ihm den Rücken zu und ging ins Bad. Kaum wieder draußen, gab er immer noch keine Ruhe und mir platzte der Kragen. Ich schrie ihn an, dass er verschwinden solle, wenn ihm das nicht passe, wie ich sei und ich einen Teufel tun werde, mich für ihn zu ändern und so zu tun, als wäre ich glücklich mit ihm verheiratet.

Ich konnte nicht aufhören, ihn anzuschreien und ihm alles an den Kopf zu werfen, was sich die letzten Monate bei mir angestaut hatte. Dabei schubste ich ihn zur Seite und kratzte ihn dabei versehentlich am Hals. Er schaute mich erschrocken an und ging dann aus der Wohnung.

Ich dachte in dem Moment, ich hätte es geschafft, ihn endlich zu vergraulen, endlich war er gegangen, endlich sah auch er ein, dass das alles keinen Sinn ergab.

Doch leider wurden meine Gebete nicht erhört, und meine Hoffnung war nur von ganz kurzer Dauer. Das war noch nicht das Ende des Abends. Mein Alptraum war noch lange nicht zu Ende. Er hatte erst begonnen.

Kapitel 14

Geistlicher Beistand

Ich schaute ins Zimmer von Ramin rein und war froh, dass er friedlich schlief und nicht von dem lautstarken Streit, den ich mit Blamaani ausgetragen hatte, wach geworden war.

Natürlich wusste ich, dass es mit seinem plötzlichen Abgang nicht zu Ende war. Irgendetwas musste jetzt noch kommen; so sang und klanglos konnte er ja nicht einfach verschwinden. Mein Gefühl sagte mir auch, dass der Kampf jetzt erst recht beginnen würde.

Ich stand im Flur meiner Wohnung und wusste erstmal nicht, was ich tun sollte. Ich fragte mich, wo er jetzt hin ist, ob er gleich wiederkommt und was mich wohl noch erwarten wird.

Ich weiß nicht mehr, wieviel Zeit vergangen war, so sehr war ich in meinen Gedanken versunken, als ich auf einmal hörte, wie die Wohnungstür geöffnet wurde. Erschrocken stand ich vom Sofa auf und erblickte meine Eltern und Blamaani, die bei mir im Flur standen. Sie kamen alle drei gleich zu mir ins Wohnzimmer, und mein Vater fing sofort voller Wut an, auf mich einzureden.

Er fragte mich, was denn mit mir los sei, ob ich von allen guten Geistern verlassen sei, meinen Ehemann aus der Wohnung zu schmeißen. Er warf mir an den Kopf, dass ich auf guten Weg sei, Schande über die ganze Familie zu bringen.

Ich hatte keinerlei Chance zu Wort zu kommen oder mich zu erklären. Meine Mutter und Blamaani standen währenddessen nur da und schauten sich die Szene meines Vaters mit emotionsloser Miene an, als wenn sie das nicht betreffen würde.

Immer wieder versuchte ich ein Wort zu sagen, doch mein Vater ließ das einfach nicht zu. Nachdem ich nun merkte, dass ich keine Minute Gehör von ihm bekam, ließ ich ihn einfach nur reden, reden und reden. Ich sah nur noch seine Lippen sich bewegen und seine Augen voller Wut und Enttäuschung über mich. Ich nahm seine Worte gar nicht mehr richtig wahr und hoffte, dass er endlich bald fertig werde.

Während mein Vater mich emotional weiter nieder machte, ging mir durch den Kopf, dass doch tatsächlich mein vermeintlicher Ehemann zu meinen Eltern gerannt war, um mich zu verpetzen. Ich dachte mir nur, was ist das nur für ein Mann, der heulend bei meinen Eltern auftaucht und rumjammert. Noch dazu, sie zu mir in die Wohnung zu bringen, um dann seelenruhig zuzuschauen, wie mein Vater mich fertig machte. Ich glaubte für ihn war das eine Genugtuung.

Nach einer gefühlten Ewigkeit war mein Vater endlich fertig mit seinen ganzen Vorwürfen an mich. Meine Mutter ergriff nun das Wort und sagte nur, ich solle mich zusammenreißen und mich endlich wie eine erwachsene muslimische Frau verhalten.

Dann nahm sie mich zur Seite und sagte etwas, was ich erstmal nicht richtig verstanden hatte oder besser nicht verstehen wollte. Sie hielt mich an den Schultern fest und sagte mir, ich sei krank, krank im Kopf, und sie wisse auch, woher das kommen könnte. Ich hätte eine schwarze Magie in mir und daran wäre nur mein Exmann schuld. Sie sei der festen Überzeugung, dass die Familie meines Exmannes einen Fluch über mich gelegt habe, keinen anderen Mann mehr zu akzeptieren, geschweige denn auf meine eigene Familie zu hören.

Ich sah sie mit offenem Mund an und konnte nicht glauben, was sie von sich gab. Ich war so geschockt über diese Aussage, dass ich erstmal kein Wort rausbrachte. Ich schaute sie mit weit aufgerissenen Augen an. Nachdem ich wieder reden konnte, fragte ich sie, ob das wirklich ihr Ernst sei.

Sie hob die Hand zum Zeichen keiner Widerworte und erklärte mir, dass sie sich drum kümmern würde jemanden zu finden, der mir diesen Fluch wieder austreibe. Sie würde morgen mit ihrer Freundin telefonieren, dessen Mann ein Imam (ein Vorbeter der Moschee, der den Koran in und auswendig kennt) sei, und der solle erstmal so schnell wie möglich zu mir kommen, um mich mit Koranversen zur Besinnung zu bringen.

So ließ sie mich stehen, drehte sich um und ging mit meinem Vater wieder nachhause. Ich schaute beiden hinterher und konnte nicht fassen, was meine Mutter von sich gegeben hatte.

Mein neuer Ehemann saß im Wohnzimmer und sagte keinen Ton, bestimmt aus Angst, ich könnte ihn wieder rausschmeißen, wenn er nur ein Wort sagte. Ich schaute ihn kopfschüttelnd an und wusste selbst nicht mehr, was ich sagen sollte. Wieder fühlte ich mich vollkommen leer, und doch schwirrte mir so sehr der Kopf, dass ich keinen klaren Gedanken fassen konnte. Ich ging ins Bett und ließ Blamaani alleine im Wohnzimmer zurück.

Mein nächster Morgen begann mit tierischen Kopfschmerzen. So griff ich erstmal zur Tablette, die ich Gott sei Dank noch in der Schublade neben meinem Bett fand, um die Schmerzen in den Griff zu bekommen, denn mir war schon richtig übel vor Schmerzen.

Ich bemerkte auch, dass Blamaani wohl nicht neben mir die Nacht verbracht hatte. Als ich in die Küche ging, sah ich vom Flur aus, dass er mit seinem Bettzeug auf der Couch lag. Ich seufzte innerlich auf und fragte mich, wie ich diesen Tag und all die kommenden Tage noch überstehen sollte.

Wieder mal war ich froh, durch meine Arbeitsstelle dem Ganzen für paar Stunden entfliehen zu können. Auch wenn ich überhaupt nicht in der Lage war, mich ansatzweise auf die Arbeit zu konzentrieren.

Natürlich war nach wie vor das Kopftuch mein täglicher Begleiter. Ich musste es jeden Tag tragen. Doch bevor ich aus dem Auto stieg um ins Büro zu gehen, nahm ich es ab. Mir war es unangenehm vor meinen Kollegen mit Kopftuch zu erscheinen. Ich stand nicht zu diesem Kopftuch, ich konnte mich mit diesem Kopftuch nicht identifizieren. Es fühlte sich wie ein Doppelleben an, zum einem dieser Zwang, als moslemische Frau leben zu müssen und zum anderen, wenigsten auf der Arbeit ich selbst zu sein, ohne Kopftuch, ohne Zwänge.

Aber es musste ja weitergehen, immer weiter, nicht stehen bleiben, dachte ich mir und versuchte, mir gedanklich selbst Mut zuzusprechen, dass alles wieder gut werden würde.

Meine Zeit wird kommen, sagte ich zu mir selbst, meine Zeit, in der ich endlich mein Leben mit meinem Sohn in Ruhe leben würde. Sie wird kommen, ich brauchte Geduld und starke Nerven, um das zu erreichen, was ich wollte und nicht, was meine Eltern von mir verlangten. Nur wusste ich zu diesem Zeitpunkt einfach nicht, wie ich das anstellen sollte, schließlich waren alle bisherigen Versuche gescheitert.

Ja, ich war gescheitert, mein Leben selbst in die Hand zu nehmen, gescheitert, damals in meiner ersten Ehe und nun gescheitert, meinen Willen durch zu bekommen.

Ich war hin und her gerissen zwischen Mut, Zuspruch zu mir selbst und erschöpfter Aufgabe, alles so laufen zu lassen, wie von mir verlangt wurde. Ich war in einem Alptraum gefangen, in dem ich keinen Ausweg fand. Und doch fühlte und spürte ich noch einen

Rest Stärke in mir, der mir sagte, dass es sich noch lohnte, weiter zu kämpfen. Ich musste mir nur genau überlegen, wie ich kämpfe. Mir war klar, dass ich mit körperlicher Gegenwehr und lautstarken Äußerungen bei meinen Eltern und meinem neuen Ehemann nichts erreichen konnte. Ich musste ruhig bleiben, ruhig bleiben, um Zeit zu gewinnen, um in Ruhe darüber nachzudenken, was ich am besten tun konnte. Ein Plan musste her, ein Plan, der sehr gut durchdacht werden musste. Ich durfte nicht Gefahr laufen, meinen noch nicht vorhandenen Plan, nicht durchziehen zu können.

Mit diesen Gedanken machte ich mich für die Arbeit fertig und weckte meinen Sohn, um ihn in den Kindergarten zu bringen. Ramin stand gut gelaunt auf, und ich war froh darüber, dass er nichts von der vergangenen Nacht mitbekommen hatte. Ich drückte ihn fest an mich und sagte ihm, wie sehr ich ihn liebe und wir immer zusammenhalten werden.

Er schaute mich lächelnd an und gab mir einen Kuss auf die Wange.

Ich wusste, dass meine Eltern unter der Woche nicht mit dem Imam bei mir auftauchen würden, weil jeder seiner Arbeit nachging. Somit hatte ich etwas Zeit, um alles sacken zu lassen und nachzudenken.

Die Woche ging zum Glück ohne große Vorkommnisse schnell rum. Mein vermeintlicher neuer Ehemann schlief die Nächte im Wohnzimmer und ließ mich zum Glück in Ruhe. Wir sprachen nur das nötigste miteinander. Was er tat, und wo er hinging, während ich arbeiten war, wusste ich nicht, und das war mir auch egal.

Ich wusste aber, dass spätestens am Sonntag Besuch kommen würde. Und so war es dann auch. Meine Mutter rief mich Samstag an und teilte mir mit, dass Sonntagnachmittag der Imam mit seiner Frau kommen würde. Sie fragte natürlich nicht, ob ich Zeit, geschweige denn Lust dazu hatte. Es war bereits so ausgemacht und fertig.

Ich nahm es kommentarlos hin, schließlich war ich es gewohnt, dass über meinen Kopf hinweg immer alles entschieden wurde.

Ich merkte, dass ich innerlich immer mehr abstumpfte, und deshalb regte ich mich nicht groß auf, dass nun ein fremder Mann in meine Wohnung kam, um mich mit Koran-Kapiteln zu beschallen.

Am nächsten Tag saßen wir dann, wie von meiner Mutter geplant, alle zusammen im Wohnzimmer: Meine Eltern, mein vermeintlicher Ehemann, der Imam und seine Frau. Ramin spielte mit meiner Schwester im Kinderzimmer und bekam dieses Theater zum Glück nicht mit. Ich hätte auch nicht gewusst, wie ich einem Fünfjährigem erklären sollte, was diese Leute hier machten.

Ich musste mich neben den Imam setzten, natürlich nicht ohne vorher die rituale Waschung durchzuziehen. Das ist eine vom Koran vorgeschriebene Waschung, die man am Körper vollzieht, bevor man sich mit dem moslemischen Gebet befasst. Nun saß ich also neben ihm und kam mir vor, wie in einer schlechten Komödie.

Der Imam hob seine Hände über meinen Kopf und fing an, ein Kapitel nach dem anderen aus dem Koran zu predigen. Ich blieb ganz ruhig und wartete darauf, dass es bald rum war. Nach circa 20 Minuten war es endlich vorbei. Der Imam senkte wieder seine Hände und forderte mich nun auf, alleine ins andere Zimmer zu gehen und ein Gebet zu verrichten. Ich tat, was von mir verlangt wurde, breitete meinen Gebetsteppich aus und kniete mich zum Gebet nieder, damit das ganze Prozedere hoffentlich zum Abschluss kam und alle endlich gehen würden.

Doch so schnell wie erhofft, gingen meine ungebetenen Gäste doch nicht. Meine Mutter und die Frau vom Imam kamen zu mir ins Schlafzimmer, wo ich gerade mit dem Gebet fertig war. Sie nahmen beide auf dem Bett Platz und forderten mich auf, mich zwischen sie zu setzen.

Die Frau des Imams erzählte mir von einer Frau, die andere Frauen von ihrem Fluch befreien würde. Und sie werde diese anrufen, um einen Termin für mich zu vereinbaren.

Ich sah meine Mutter ungläubig an, und sie sagte nur, dass wir das auf alle Fälle machen sollten. Ich fragte, WIR? Die Einzige, die das dann machen musste, war wohl ICH und nicht WIR!

Meine Mutter sah mich nur streng an und wendete ihren Blick zu ihrer Freundin und sagte zu ihr, als wenn ich gar nicht anwesend wäre, dass sie unbedingt einen Termin ausmachen solle, koste es, was es wolle.

Ich senkte erschöpft meinen Kopf, wohlwissend, dass ich mich nicht dagegen wehren konnte. Außerdem war mir klar, dass ich für diesen Humbug auch noch selbst zahlen musste.

Wie immer war es beschlossene Sache, und ich wurde nicht nach meiner Meinung gefragt. Ich hatte auch keine Lust und außerdem in diesem Moment keine Kraft zu fragen, wie dieser Termin vonstattengehen und was mich bei dieser Heilerin erwarten würde. Ich dachte mir nur, worüber mir darüber den Kopf zerbrechen, wenn ich es doch so oder so bald selbst erleben würde, was da passieren wird.

Zufrieden und voller Zuversicht, dass ihre Tochter bald wieder geheilt sein würde, gingen meine Eltern und das Imam-Ehepaar endlich wieder nachhause.

Für den Rest des Abends ließ ich meinen vermeintlichen Ehemann links liegen und ignorierte ihn weitgehendst. Wir saßen nur kurz schweigend beim Abendessen in der Küche zusammen. Ich hatte ihm nichts zu sagen und wollte mit ihm auch kein Gespräch anfangen. Ich wollte vermeiden, dass es erneut zum Streit kam und er mich wieder bei meinen Eltern verpetzte und ich die Konsequenzen daraus zu tragen hatte.

Nachdem ich mich um Ramin gekümmert hatte und er nun friedlich schlafend in seinem Bett lag, zog ich mich alleine ins Schlafzimmer zurück und ließ alles nochmal Revue passieren.

Ich konnte es einfach nicht fassen, dass meine Eltern mich zu einer Heilerin schicken wollten. Dachten sie wirklich, ich sei schwachsinnig, weil ich mich gegen diese Zwangsehe mit einem fremden Mann wehrte?!

Und ist es nicht so, dass es nach islamischen Glauben Sünde ist, an so einen Humbug zu glauben?!

So habe ich es schließlich beigebracht bekommen, dass alles was im Leben passiert, Allahs Wille ist und niemand, aber auch niemand, dies anzuzweifeln hat??!! Und ist es nicht so, dass jeder das Recht hat, zu lieben, wen man möchte und frei zu leben, wie man es möchte?!

Nie hätte ich gedacht, dass sich meine Eltern zu so was Lächerlichem hinziehen würden, ihre Tochter zu einer Heilerin zu schicken, die mit dem Schicksal anderer Frauen Geld machte. Brachte ich meine Eltern tatsächlich soweit zur Verzweiflung, dass sie keinen anderen Weg wussten, um mich wieder zu Sinnen zu bringen?

Ich fragte mich, was daran so schwer zu verstehen war, dass ich das einfach nicht wollte. Ich wollte nicht, weil ich es einfach nicht wollte, weil meine Gefühle sich dagegen wehrten, weil ich eine normale „gesunde" Frau war, mit Gefühlen und die selbst über ihr Leben entscheiden wollte und nicht, wie andere oder ihre Eltern dachten, weil ich schwarze Magie in mir hätte und deshalb nicht selbst aus freien Stücken entscheiden konnte.

Diese ganze Geschichte wurde immer absurder, und ich ahnte, dass ich da nicht so einfach rauskommen würde.

Nach langem Überlegen und Kopfzerbrechen, hatte ich mich zunächst dafür entschlossen, dieses Spiel weiter mitzuspielen, auch wenn es sich widersprach, aber ich musste da mitspielen, um möglichst bald und vor allem sicher dem ganzen Schauspiel entfliehen zu können.

Kapitel 15

Die Heilerin

Für jede Minute, die ich von Zuhause entfliehen konnte, war ich froh und dankbar. Die Arbeit lenkte mich von meinem Alptraum ab, und ich konnte so sein, wie ich wirklich war.

Immer wieder ertappte ich mich aber dabei, wie wehmütig ich die ganze Sache betrachtete. Ich wünschte mir so sehr ein Leben zu leben, wie es meine Kolleginnen führten, frei Entscheidungen zu treffen und anzuziehen, was einem gefällt. Einfach tun und lassen, was man will.

Keiner auf der Arbeit wusste von meiner Miesere zuhause, und ich tat alles, damit es nicht ans Licht kam. Unvorstellbar war es für mich, wenn sie davon wüssten. Ich würde mich in Grund und Boden schämen, ihnen erklären zu müssen, dass meine Familie über mein Leben bestimmte und nicht ich selbst.

Natürlich hatte ich auch mit männlichen Kollegen zu tun, und so lernte ich eines Tages Oliver kennen. Ich verstand mich auf Anhieb mit ihm, und wir unterhielten uns sehr gerne miteinander. Ich musste mich aber immer wieder ermahnen, Abstand von ihm zu halten. Ich war eine verheiratete, moslemische Frau, und es war eine große Sünde, mich mit einem fremden, christlichen Mann über Themen zu unterhalten, die über die Arbeit hinaus gingen. Doch Oliver nutze jede Gelegenheit aus, um zu mir ins Büro zu kommen, um mich zu sehen und ein paar Worte zu wechseln. Immer wieder gab er mir Zeichen und Andeutungen, mich gerne auch außerhalb des Büros treffen zu wollen. Ich blockte ständig ab und erfand immer neue Ausreden, warum ich zu einem Treffen keine Zeit hatte. Ich konnte und wollte ihm nicht erzählen, dass ich verheiratet war und einen unerwünschten Mann bei mir zuhause sitzen hatte. Zu groß war meine Scham darüber, zwangsverheiratet zu sein.

Nach der Arbeit setzte ich mich ins Auto, fuhr kurz um die Ecke, um nicht von Kollegen gesehen zu werden, wie ich mir das Kopftuch umband. Langsam wurde es für mich immer unerträglicher, so ein Doppelleben zu führen und mir ständig neue Ausreden auszudenken, wenn Kollegen mich fragten, ob ich nach Feierabend noch mit ihnen was trinken gehen wolle. Meistens schob ich meinen Sohn vor, nicht zu können, weil ich keinen Babysitter hatte. Irgendwann merkte ich natürlich, dass ich nicht mehr gefragt wurde, weil ich ständig absagte. Der Einzige, der nicht lockerließ und es immer wieder versuchte, mich zu einem Treffen zu überreden, war Oliver. Doch auch bei ihm kam ich mit immer neuen Ausreden, dass das nicht ginge.

So sehr ich auf der Arbeit von meinem Zuhause abgelenkt war, umso schlimmer war es für mich, der Realität ins Auge zu schauen, wenn ich meine Wohnung betrat und wieder auf dem Boden der Tatsachen zurückgeholt wurde.

Fast jeden Tag wurde ich von meiner Mutter, wenn ich nach der Arbeit Ramin bei ihr abholte, gefragt, ob ich wieder zu Vernunft gekommen sei und ich jetzt meinen neuen Mann endlich respektiere.

Meistens schaute ich sie nur traurig an und nickte stumm, einfach nur, um von ihr wegzukommen und meine Ruhe zu haben. Zuhause war die Situation unverändert. Ich mied meinen neuen Ehemann, wo ich nur konnte, und wir sprachen immer nur das Nötigste miteinander. Er selbst schien es so zu akzeptieren, wie es war, auch, dass er seit Wochen im Wohnzimmer schlief und ich jegliche Art von Annährung blockierte.

Natürlich ahnte ich, warum er so viel Geduld aufbrachte, denn der Termin bei der Heilerin stand bald bevor. Er erhoffte sich natürlich, dass nach ein paar Sitzungen bei der Heilerin ein Sinneswandel bei mir einträte und ich zu der Frau wurde, die er und meine Eltern sich wünschten.

Es vergingen etwa zwei Wochen nach dem Besuch des Imams, als meine Mutter mich anrief, um mir zu verkünden, dass ihre Freundin nun endlich einen Termin bei der Heilerin vereinbaren konnte. Sie erklärte mir, dass sie und ihre Freundin zum ersten Termin dabei sein würden. Warum die zwei unbedingt dabei sein mussten, sagte sie mir nicht. Sie wollte es so, und so hatte ich das zu akzeptieren. Ich hörte ihr schon gar nicht mehr richtig zu, als mir klar wurde, dass sie das wirklich durchziehen wollte. Ich verfiel in eine regelrechte Schockstarre, und mir wurde übel bei dem Gedanken, bald bei einer Heilerin zu sitzen, um mir diesen besagten Fluch austreiben zu lassen. Wieder konnte ich es einfach nicht fassen, zu was meine Eltern fähig waren.

Ich legte den Hörer auf und schüttelte verzweifelt meinen Kopf. Ich musste versuchen, einen klaren Kopf zu bewahren, denn ich wusste nach wie vor, dass jegliche Gegenwehr für mich nach hinten losgehen würde. Also ließ ich die Begegnung einfach auf mich zu kommen, um danach zu überlegen, wie es für mich und Ramin weiter gehen konnte.

An einem Freitagabend war es dann soweit. Ich musste meine Mutter und deren Freundin abholen, und gemeinsam fuhren wir zur Heilerin, die zwei Ortschaften weiter wohnte.

Im Auto erhielt ich von meiner Mutter Anweisungen, mich bei der Heilerin ruhig zu verhalten und nur zu reden, wenn ich gefragt wurde.

Dort angekommen betrat ich die Wohnung mit einem sehr mulmigen Gefühl. Nach einer kurzen Begrüßung führte uns die Heilerin, die erstaunlicherweise jünger war, als ich sie mir vorgestellt hatte, in ein Zimmer, das penetrant nach Räucherstäbchen roch und, überall verteilt, nur von Kerzen beleuchtet war. Außerdem hingen trockene Kräuter an den Wänden und bunte Tücher mit komischen Zeichen drauf.

Wir nahmen auf einem Sofa Platz. Uns wurde marokkanischer Tee angeboten, den ich zwar aus Höflichkeit annahm aber nicht trank. Die Angst, die Heilerin könnte mir irgendwas in den Tee untergemischt haben, hielt mich davon ab, diesen zu trinken. Klar glaubte ich nicht an so lächerliche Zauberei, aber ich dachte mir, sicher ist sicher und ließ die Teetasse unberührt stehen.

Während ich schweigend dasaß und nichts sagen durfte, unterhielten sich die drei Frauen angeregt über Gott und die Welt, als hätten sie sich nur getroffen, um sich über das Neueste, was es so gab auf dieser Welt, auszutauschen. Ich wurde weitgehendst ignoriert, bis auf einmal die Heilerin mich ansah und dabei meine Mutter fragte, was genau der Grund für ihren Besuch sei. Meine Mutter sah mich kurz an, wandte den Blick dann schnell zu der Frau und erklärte ihr, dass in mir eine schwarze Magie wäre, und sie sei der festen Überzeugung, dass ein Fluch auf mir läge.

Anders könne sie es sich nicht erklären, warum ich mich dermaßen gegen meinen neuen Ehemann wehrte und mich nicht so verhielt, wie es sich für eine moslemische Frau gehörte.

Während meine Mutter sprach, hielt ich meinen Kopf gesenkt und schaute mir nur meine Finger an, die sich immer mehr verkrampften. Ich fühlte mich völlig fehl am Platz, in sowas hineingeraten zu sein. Wenn mir irgendjemand mal gesagt hätte, dass ich bei einer Heilerin sitzen würde, weil ein Fluch in mir herrschte, den hätte ich mit Sicherheit nur ausgelacht. So lächerlich empfand ich diese absurde Situation.

Nach einer gefühlten Ewigkeit, in der meine Mutter der Heilerin erklärte, wie sie sich meine "Heilung" vorstellte, schickte diese meine Mutter und ihre Freundin aus dem Zimmer, um sich mit mir alleine zu unterhalten. Sie schloss die Tür hinter ihnen zu und nahm mir gegenüber wieder Platz. Sie schaute mich lächelnd an und sagte in einwandfreiem deutsch:

„Du brauchst keine Angst vor mir zu haben, ich weiß, dass du nicht krank bist."

Ich war so perplex und überrascht, dass sie so gut deutsch sprechen konnte. Schließlich unterhielten sich die drei, seitdem wir bei ihr saßen, nur auf marokkanisch, und nie hätte ich gedacht, dass sie der deutschen Sprache mächtig war.

Überhaupt hatte ich von ihr eine ganz andere Vorstellung. Ich dachte, es wäre eine alte, gebrechliche Frau, gekleidet mit einem bunten, bis zum Boden langen Gewand und einem Kopftuch, die kein Wort Deutsch verstand und hier nur ihre vermeintliche Heilkraft, die sie sich im tiefsten Dorf Marokkos angeeignet hatte, verkaufte und damit in Deutschland Geld verdiente. Doch das Gegenteil war der Fall. Sie war westlich gekleidet, ohne Kopftuch und vielleicht Mitte bis Ende dreißig.

Ich schaute sie mit offenem Mund an und wusste erstmal nicht, was ich sagen sollte.

Sie nahm meine Hand in ihre und sagte mir, dass sie es spüre und wisse, dass es nicht mein Wille gewesen war, zu heiraten. Immer noch lächelnd sagte sie:

„Du wirst deinen Weg gehen, das weiß ich. Deine Eltern möchten, dass ich dich heile, aber du bist nicht krank, und deshalb werden wir so tun, als ob. Ich bereite für die nächsten Sitzungen die Behandlungen vor, und ich werde dir beim nächsten Mal eine Kräutermischung mitgeben und vor deiner Mutter dir erklären, wie du diese anzuwenden hast. Deine Mutter soll glauben, dass du auf einem guten Weg bist, wieder gesund zu werden und du es selbst auch so möchtest. Was du aus dieser Kräutermischung dann zuhause machst, ist dir überlassen."

Ich sah sie dankend an und musste vor Erleichterung weinen. Ich war so froh darüber, dass wenigstens ein Mensch mich verstand und dies, ohne mich erklären zu müssen.

Sie nahm mich in den Arm und erwähnte noch:

„Deine Zeit wird kommen. Mach dir Gedanken darüber, so schnell wie möglich dem ganzen zu entkommen. Du schaffst das!"

Daraufhin öffnete sie wieder die Tür und erklärte meiner Mutter, dass wir in ein bis zwei Wochen wiederkommen sollten, um mit der Behandlung anfangen zu können. Sie erklärte uns auch, dass meine Mutter nur noch bei der nächsten Sitzung dabei sein könne und bei allen darauffolgenden Sitzungen ich allein kommen solle.

Wir verabschiedeten uns von ihr und fuhren nachhause. Im Auto schwiegen wir uns an. Erst brachte ich die Freundin meiner Mutter heim, bevor ich meine Mutter vor ihrer Wohnung rausließ. Bevor sie ausstieg, drehte sie sich noch kurz zu mir um und bat mich, für die nächste Sitzung bei der Heilerin 300 Euro mitzubringen. Danach stieg sie aus und eilte in die Wohnung, ohne eine Erwiderung meinerseits abzuwarten.

Da hätte ich eigentlich auch selbst draufkommen müssen, dachte ich mir, dass ich für diesen Schwachsinn selbst aufkommen musste, war ja klar. Und dass die Heilerin das Geld nahm, auch wenn sie mich nicht wirklich "heilte", war ebenso klar. Ihre Zeit und die verwendeten Kräuter mochte sie natürlich bezahlt bekommen.

Aber das war mir erstmal egal. Jetzt fühlte ich mich zum ersten Mal gestärkt, mir einen Plan auszudenken, wie und wann ich aus dem ganzem entfliehen konnte.

Zuhause bei meinem Ehemann machte ich gute Miene zum bösen Spiel. Ich setzte mich sogar zu ihm und erklärte ihm, dass alles gut werde und bat ihn, noch etwas Geduld mit mir zu haben. Er lächelte mich zufrieden an und sagte, dass er mir so viel Zeit geben würde, wie ich nur bräuchte.

Es war und ist nie meine Art, so zu schauspielern, aber mir blieb einfach nichts anders übrig. Um genau zu überlegen, wann und wie ich vorgehe, musste ich so tun, als wenn alles bald wieder gut sein würde und es auch mein Wille war, meinen neuen Mann zu akzeptieren und das tun zu wollen, was von mir verlangt wurde.

Bis zur nächsten Sitzung bei der Heilerin vergingen noch ein paar Tage, an denen ich Ramin wie jeden Tag in den Kindergarten brachte und ich anschließend zur Arbeit fuhr.

Zuhause war jeder Tag wie der andere, mit der Veränderung, dass ich ab und zu eine normale Unterhaltung zuließ. Ich durfte Blamaani nicht zu sehr ignorieren, ich musste ihm ja das Gefühl geben, dass ich auf dem Weg der Besserung war. Aber nach wie vor blockte ich jegliche Art von körperlicher Annährung von ihm ab. Er schlief zwar wieder im Schlafzimmer neben mir im Bett, aber das war es dann auch.

Am Tag der nächsten Sitzung bei der Heilerin, holte ich meine Mutter ab, und wir fuhren gemeinsam zu ihr hin. Während der Fahrt versuchte mir meine Mutter Mut zuzusprechen, die Behandlung durchzuziehen. Sie war der festen Überzeugung, dass wir das richtige taten, damit ich ein glückliches Leben haben würde. Ich nickte nur schweigend und wollte nichts sagen, was den Verdacht wecken konnte, dass ich eben nicht so glücklich werden würde, wie sie sich das vorstellte. Schließlich hatte ich für mich bereits entschlossen, dieses Spiel mitzuspielen, um meiner Familie den Eindruck zu vermitteln, dass meine geplante Heilung erfolgreich sein werde.

Bei der Heilerin saßen wir wieder in dem nach Räucherstäbchen duftenden Raum. Sie bot uns wieder Tee an, und diesmal lehnte ich dankend ab. Ich wollte die Sitzung einfach schnell hinter mich bringen.

Während meine Mutter ihren Tee trank, holte die Heilerin zwei Flaschen mit trübem, flüssigem Inhalt hervor. Sie erklärte mir, dass ich von der einen Flasche jeden Tag ein kleines Glas trinken und die zweite Flasche mir unter der Dusche über den Kopf gießen sollte.

Nachdem sie dies geäußert hatte, schickte sie meine Mutter aus dem Zimmer, mit der Erklärung, sie müsste mir alleine aus ihrem Heilerbuch vorlesen und mich währenddessen mit einer Kräutermischung einräuchern.

Meine Mutter ging folgsam hinaus, und die Heilerin zündete in einem Tongefäß die Kräutermischung an. Sie las mir natürlich nichts vor, sondern sagte nur, dass ich den Inhalt der zwei Flaschen zuhause weggießen könne. Ich solle zuhause so tun, als wäre ab jetzt alles gut, und wenn ich beim nächsten Mal alleine zu ihr käme, könnten wir einen Kaffee trinken und uns in Ruhe unterhalten.

Nachdem der Rauch der Kräuter nachließ, holte sie meine Mutter wieder ins Zimmer rein. Sie drückte mir die zwei Flaschen in die

Hände und ließ sich das Geld geben, das ich meiner Mutter zuvor im Auto überreicht hatte.

Im ersten Moment hatte ich mich gefragt, warum sie so unverschämt viel Geld verlangte, für etwas, was sie eigentlich nicht richtig machte. Aber ich verwarf ganz schnell diese Frage, ich wollte darüber keinen Gedanken verschwenden. Für mich zählte erstmal, wie die nächsten Schritte aussehen konnten.

Wir fuhren wieder nachhause, und meine Mutter erinnerte mich während der Fahrt ständig, den Anweisungen der Heilerin zu folgen und alles genau so zu machen, wie sie es gesagt hatte. Schließlich wolle doch auch ich, dass ich wieder gesund werde. Und nur wenn ich genau das tue, nur dann hätte ich eine gute Chance, eine gute und gehorsame Frau zu werden.

Ich nickte mal wieder brav und flüsterte ihr ruhig ein „Ja" zu. Ich musste mich so beherrschen, nicht anzuhalten, um ihr meine Meinung, meine Verletztheit und meine Enttäuschung an den Kopf zu werfen. Am liebsten hätte ich sie angeschrien und gefragt, was sie denn für eine Mutter sei, die dabei zusehe und alles dafür tue, dass ihre eigene Tochter fremdbestimmt und ein todunglückliches Leben führen werde.

Doch ich umklammerte ganz fest das Lenkrad und schluckte mal wieder meinen Ärger und meine Enttäuschung runter.

Meine Mutter stieg aus und sagte noch, sie werde mich Sonntagabend mal anrufen, um zu hören, ob die Behandlung angeschlagen habe. Ich nickte, und sie ging.

Es war Freitagabend, somit noch zwei Tage, bis die neue Woche anfing und ich meinem Zuhause durch die Arbeit zeitweise wieder entfliehen konnte. Jedes Wochenende konnte ich es kaum abwarten, dass es Montag wurde.

Zuhause freute ich mich wieder, meinen Sohn in meinen Armen zu halten. Nur er war der einzige Mensch, der mir momentan ein Lächeln auf meine Lippen zauberte. Manchmal fragte ich mich, was ich wohl tun würde, wenn ich Ramin nicht hätte, der mir so viel Kraft und Liebe schenkte. Ich wüsste nicht, ob ich ohne ihn tatsächlich das gleiche Durchhaltevermögen haben würde.

Nachdem wir zu dritt gemeinsam zu Abend gegessen hatten und Ramin friedlich in seinem Bett lag, saß ich in der Küche, vor mir die zwei Flaschen der Heilerin auf dem Tisch.

Mein Ehemann setzte sich zu mir und fragte mich, wie es mir ginge.

Ich sagte nur, dass es Tag für Tag schon besser werde, und jetzt, wo ich doch Hilfe bekomme, werde sich alles zum Guten wenden.

Er lächelte zufrieden und griff nach meiner Hand, was ich zuließ, auch wenn sich in mir alles dagegen sträubte.

Nach paar Minuten stand ich auf und erklärte, dass ich jetzt die Flasche nehmen und sie mir, wie angewiesen, unter der Dusche über den Kopf gießen werde.

Er lächelte und ging zu Bett.

Nachdem ich mir sicher war, dass er im Bett lag und es ruhig blieb, nahm ich die Flasche und goss den Inhalt in einen Blumentopf, und von der anderen Flasche, von der ich jeden Tag trinken sollte, goss ich ein Glas voll ebenfalls in einen anderen Blumentopf.

Nachdem ich dies erledigt hatte, ging ich zu Bett, aber an Schlaf war nicht zu denken. Mir gingen zu viele Gedanken durch den Kopf. Ich fragte mich, wie es nun weiter gehen sollte.

Was konnte ich tun, um mit meinem Sohn unbeschadet da raus zu kommen? Wie lange sollte ich dieses Schauspiel mitmachen? Wie lange würde ich das überhaupt aushalten? Wo sollte ich hin, und was passierte danach?

Tausende unbeantworteter Fragen und Gedanken nach Möglichkeiten gingen mir durch den Kopf. Müde und erschöpft schlief ich dann doch noch ein.

Das Wochenende verlief sehr ruhig, und außer einem kurzen Besuch bei meinen Eltern ereignete sich nichts Besonderes. Ich bemerkte zufriedenstellend, dass sowohl meine Eltern als auch Blamaani mir die Schauspielerei abnahmen und mich nicht mehr ständig nach meinem Wohlergehen fragten. Ich spürte, dass sie weiterhin die Hoffnung hatten, dass ich wieder ‚gesund' werden würde und auf einem guten Weg dorthin war.

Meine nächste Sitzung bei der Heilerin war für das kommende Wochenende eingeplant. Bis dahin sollte ich während der Woche die Flasche mit der Kräutermischung leer getrunken haben.

Bevor es soweit war, genoss ich die Ruhe und Ablenkung auf der Arbeit. Auch Oliver schaute unermüdlich bei mir im Büro vorbei und gab seine Bemühungen nicht auf, mich zu einem Treffen mit ihm zu überreden. Doch ich ging nicht darauf ein, so gern ich es auch wollte. Aber es ging einfach nicht! Ich hielt ihn weiterhin auf Abstand.

Die Woche ging viel zu schnell vorüber, und so saß ich mal wieder im Auto auf dem Weg zur Heilerin, diesmal jedoch alleine, ohne Aufpasserin. Meinen Sohn fuhr ich vorher bei meinen Eltern vorbei. Er hätte auch zuhause bei Blamaani bleiben können, doch das wollte ich nicht.

Die Heilerin öffnete lächelnd die Tür, und diesmal führte sie mich nicht in dieses nach Räucherstäbchen riechende Zimmer, sondern bat mich, in ihrem Wohnzimmer Platz zu nehmen. Sie kochte uns Kaffee und setzte sich dann zu mir.

Nachdem ich mich hingesetzt hatte und sah, dass die Heilerin kein Kopftuch trug, nahm auch ich mein Kopftuch erleichtert ab.

Sie fragte mich, wie es mir in der letzten Woche ergangen sei. Der Ton ihrer Frage hörte sich nicht so an, als wenn es ihre Pflicht gewesen wäre und dies zu ihrem Geschäft gehörte, sondern sie fragte mich mit interessierter, anteilnehmender Stimme, so wie ich es mir immer von meiner eigenen Mutter erhofft hatte.

Ich sah an ihren Augen, dass sie wirklich interessiert war, wie es mir persönlich ging, was in mir vorging und wie ich mich fühlte. Ich sah sie traurig an, und mir schossen sogleich Tränen in die Augen. Ich weinte und weinte nur noch, minutenlang.

Sie nahm mich in die Arme und flüsterte leise, dass ich ruhig alles rauslassen solle, und so ließ ich es zu. Die ganzen Gefühle aus Wut, Enttäuschung, Traurigkeit und Hilflosigkeit brachen in Tränen aus mir heraus. Alles was ich die ganzen Wochen unterdrückt hatte, all meine Gefühle, die ich nicht zeigen durfte und nicht wagte, sie vor meiner Familie zu offenbaren, all das kam aus mir raus.

Ich konnte mich nur schwer beruhigen, so schwer fühlte sich mein Herz an, und so sehr tat es mir in der Seele weh, von meiner Familie das Gefühl vermittelt zu bekommen, nichts wert zu sein und dass es das oberste Gebot war, zu gehorchen und zu funktionieren.

Das Gefühl der Traurigkeit überkam mich so heftig, dass ich schluchzend in ihren Armen lag und sagte, dass ich nicht mehr könne und nicht mehr wolle. Ich wollte nicht mehr heim, ich wollte nicht mehr zu meiner Familie zurück, ich wollte nicht mehr leben.

Ich schaute zu ihr auf und sagte, dass ich das nicht aushalte, dass ich es nicht schaffen werde, wenn ich so weiterleben müsse. Einzig und allein mein Sohn gebe mir die Kraft, weiter zu machen, ich wüsste nicht, was wäre, wenn ich Ramin nicht hätte.

Die Heilerin schaute mich mitfühlend an und sprach mir Mut zu, ich solle kämpfen und versuchen, mein Leben wieder zu erlangen, ein Leben, das ich selbst in der Hand habe, zusammen mit meinem Sohn. Ich solle nach vorne schauen und nicht zurück. Sie könne sich vorstellen, wie schwer das sei, aber ich solle es versuchen, und sie wisse, dass ich es schaffen werde, egal wann und egal wie.

Sie ermutigte mich, meinen Weg zu gehen, und sie gab mir das Gefühl, dies schaffen zu können. Auch sagte sie mir, dass sie mir dazu keinen Tipp geben könne, wie ich es anstellen sollte, sie sagte nur, dass sie wisse, dass ich das von selbst herausfinden werde.

Nachdem ich mich einigermaßen beruhigt hatte, verabschiedete mich die Heilerin mit dem Worten: „Wir werden uns nicht mehr wiedersehen, davon gehe ich ganz stark aus. Du schaffst das! Ich wünsche dir alles Gute."

Ich drückte sie ganz fest und fuhr nachhause. Bei meinen Eltern angekommen, um Ramin abzuholen, fragte mich meine Mutter umgehend, wie es bei der Heilerin war.

Ich antwortete kurz und knapp, dass alles gut sei und ich nur noch heim wolle, weil ich Kopfschmerzen habe. Sie bohrte nicht weiter nach, sondern ließ mich in Ruhe, und ich fuhr mit Ramin heim.

Auch Blamaani fragte mich, wie es mir bei der Heilerin ergangen sei, doch ihm gab ich erst recht keine Antwort, sondern kümmerte mich um Ramin und lies ihn links liegen.

Während ich mich mit Ramin in seinem Kinderzimmer be-schäftigte, ging mir das ganze Gespräch mit der Heilerin nochmal durch den Kopf. Einerseits fühlte ich mich durch ihre Worte bestärkt, eine Möglichkeit zu finden, meinem Schicksal zu entfliehen, anderseits baute sich eine große Angst in mir auf, dem ganzem nicht gewachsen zu sein. Und immer noch wusste ich nicht, wie ich es überhaupt anstellen sollte.

Aber eins wusste ich ab jetzt ganz genau: Dieser Gedanke, der mir immer wieder in den Sinn kam und den ich bisher immer wieder aus Angst zu scheitern und aus Angst, dass dann alles noch viel schlimmer werden würde, sollte er nicht funktionieren, verdrängte und es für mich fürchterlich enden könnte, dieser Gedanke wurde jetzt immer klarer in meinem Kopf.

Ich sah meine Flucht, weg von meiner Familie, ganz klar vor mir, zusammen mit meinem Sohn, ohne Wenn und Aber und ohne ein Zurück.

Kapitel 16

Der Anfang von allem

Wieder mal hatte ich eine sehr unruhige Nacht hinter mir. Ich konnte kaum einen klaren Gedanken fassen, so sehr überschlugen sich meine Überlegungen darüber, wie, wann und wohin ich fliehen könne. Und schaffe ich das überhaupt alles?!

Ich wusste auch, dadurch, dass die Sitzungen bei der Heilerin beendet waren, dass mir meine Eltern und Blamaani jetzt keine Ruhe lassen würden und sehen wollten, dass die Behandlung erfolgreich abgeschlossen war.

Das wiederum hieß für mich, so zu tun, als wenn alles endlich in Ordnung war und ich mich nun, ohne jegliche Gegenwehr, auf dieses arrangierte Eheleben einlassen musste.

Meine Mutter rief fast täglich an, um mich zu fragen, ob alles in Ordnung sei und ob ich alles tue, um meinen neuen Ehemann zufrieden zu stellen.

Natürlich wusste ich, worauf sie insbesondere hinauswollte aber dies nicht auszusprechen wagte. Ich spürte, dass sie zu gerne unbedingt wissen wollte, ob ich die körperlichen Annährungen von Blamaani zuließ. Da sie aber nicht direkt fragte, gab ich ihr nur die Antwort, die sie hören wollte und behauptete, dass alles gut liefe.

Doch meine Mutter war hartnäckig und gab sich mit der kurzen und knappen Antwort von mir nicht zufrieden. Sie veranlasste, dass auch ihre Freundin anrief, die mich zu der Heilerin vermittelt hatte. Allerdings verlangte sie erstmal nach Blamanni, um mit ihm zuerst zu sprechen.

Ich konnte nicht hören, was sie ihn fragte, sondern nahm nur wahr, wie er auf marokkanisch „Nein" sagte und „inschallah", so Gott es will.

Da war mir klar, dass diese Frau kein Blatt vorm Mund nahm und ihn direkt fragte, ob ich es zulasse, dass er mir körperlich nahekommen könne und ob ich meinen ehelichen Verpflichtungen nachginge.

Nach dem kurzen Gespräch reichte mir Blamanni den Hörer weiter. Sogleich durfte ich mir von ihr eine "Predigt" anhören, wie wichtig es doch in einer Ehe sei, mit seinem Ehemann zu schlafen. Ich solle mit meiner bisherigen Ablehnung aufhören und keinen weiteren Unmut provozieren, ich wolle doch schließlich auch, dass alle zufrieden seien.

Ich hörte ihr stoisch zu und erwiderte nur ein kurzes „Ja" und war froh, als ich wieder auflegen konnte.

Blamanni sprach das Thema, um das es bei dem Telefonat ging, gar nicht an, und ich vermied es ebenso zu erkunden, was sie ihn am Telefon gefragt hatte.

Nach dem Telefonat ging es mir richtig schlecht, weil mir bewusst wurde, was das für mich bedeutete: Ich musste ab sofort körperliche Annäherungen jeglicher Art zulassen, um keine weiteren Zweifel an meiner "geistigen Gesundheit" aufkommen zu lassen. Ob ich das wollte oder nicht!

Ich hatte die andauernde Fragerei und die ständigen Kontrollen seitens meiner Familie einfach satt. Ab sofort war ich eine Ehefrau, wie es sich meine Eltern und Blamaani die ganze Zeit gewünscht hatten. Ich wollte von deren Seite einfach meine Ruhe haben und meine Kraft lieber darauf konzentrieren, meine Flucht zu planen. Aber ich wusste immer noch nicht, wie ich das anstellen sollte.

Nachdem ich allen den Anschein vermittelt hatte, dass es in meiner Ehe gut lief, ließen die Fragen tatsächlich nach. Ich ging weiter ganz normal zur Arbeit und war über jede Minute erfreut, raus aus der Wohnung zu kommen.

Während ich auf der Arbeit war, besuchte Blamaani täglich einen Deutschkurs. Dies tat er, um überhaupt eine Chance auf eine Arbeitsstelle zu haben. Sein Ziel war es, dass er zukünftig das Geld nachhause brachte und ich, wie es sich gehörte, dann zuhause bliebe.

Auch wenn für mich klar war, dass ich es nie so weit kommen lassen würde, widersprach ich seiner Vision nicht, sondern meldete ihn sogar selbst zu diesem Deutschkurs an, um seinen Plan scheinbar wohlwollend zu unterstützen.

Auf der Arbeit war ich oft unkonzentriert und müde. Ich zerbrach mir ständig den Kopf darüber, wie ich meinen Plan anpacken sollte. Ich hatte niemanden, dem ich mich anvertrauen konnte, niemanden, der mir etwas von meiner Angst und Unsicherheit abnehmen konnte. Die Angst war riesengroß, wenn ich mich doch jemandem anvertraute, dass es meine Familie erfuhr. Und was dies bedeutete, wollte ich mir in meinen schlimmsten Träumen nicht ausmalen. Das wäre vermutlich das Ende aller Möglichkeiten überhaupt, mein Leben in die eigene Hand zu nehmen.

Ich war so versunken in meine Gedanken, dass ich nicht merkte, wie Oliver ins Büro kam und neben mir stand. Er lächelte mich an und fragte, wovon ich denn grad´ träumen würde und lachte dabei.

Ich lächelte zurück und meinte nur: „Ich träume von einem neuen Leben."

Er schaute mich irritiert an und sagte: „Ach komm, so schlimm kann doch dein Leben gar nicht sein."

Ich erwiderte nur: „Wenn du wüsstest!"

Er fragte mich, ob ich nicht endlich Lust hätte, mit ihm was trinken zu gehen und ihm dabei zu erzählen, was mich denn so bedrückte.

Ich schwieg kurz und schüttelte den Kopf: „Ich kann und darf mich nicht mit dir treffen."

Doch er ließ nicht locker. Er sagte, er wisse natürlich, dass ich mich als marokkanische Frau nicht so einfach mit einem deutschen Mann treffen könne, aber vielleicht fände ich einen Weg, es doch möglich zu machen.

Ich sah ihn an, und in dem Moment entschloss ich mich, ihm alles zu erzählen. Ich weiß nicht, warum gerade in diesem Moment, aber mein Gefühl sagte mir einfach, tue es, es wird das Richtige sein.

Noch im Büro schilderte ich ihm, kurz zusammengefasst, was mir widerfahren war, und ich hoffte, ihn mit meiner Geschichte jetzt nicht vergrault zu haben. Doch er schaute mich nur fassungslos an und fragte mich, ob ich aus dieser Lage raus mochte, und wenn ja, wolle er mich dabei unterstützen. Ich sollte nur sagen, ob ich es wirklich will, und er wäre für mich da.

Ich konnte im ersten Moment nichts dazu sagen, denn damit hatte ich ganz und gar nicht gerechnet. Da wollte mir jemand helfen und sich dabei selbst mit in Gefahr bringen, obwohl er mich kaum kannte.

Nach paar Sekunden sagte ich nur: „Ja, ich will da weg."

Oliver schrieb mir sogleich seine Handynummer auf und sagte, ich solle mich melden, sobald ich die Möglichkeit dazu hätte, mich mit ihm zu treffen. Und damit ging er mit einem „Bis bald" wieder aus dem Büro.

Ich schaute auf die Uhr und war überrascht, wie schnell der Nachmittag zu Ende ging, packte meine Sachen und machte Feierabend. An konzentriertes Arbeiten war jetzt sowieso nicht mehr zu denken.

Ich überlegte, wie und wann ich mich mit Oliver am besten treffen konnte. Ganz heimlich, denn ich musste mir ganz sicher sein, dass weder Blamaani noch meine Familie davon erfuhren.

Auch spürte ich, dass ich innerlich keine Sekunde an meinem Vorhaben zweifelte. Ich wusste ganz sicher und klar, dass ich es so wollte, ich wollte einfach weg. Ich ließ keinerlei schlechte Gedanken zu, was wäre, wenn es nicht klappt, was wäre, wenn es rauskommt und sich meine Familie mir in den Weg stellt. Nein, daran wollte ich erst gar nicht denken. Es musste einfach klappen. Ich würde mit meinem Sohn diesen Weg gehen, auch wenn es bedeutete, dass dieser Weg steinig und schwer werden würde, ich wollte ihn gehen und würde ihn gehen!

Noch am selben Abend schrieb ich Oliver eine SMS und fragte ihn, ob er die nächste Woche für ein Treffen mit mir Zeit hätte.

Ich entschied mich für den Tag, wo ich wusste, dass Blamanni nach seinem Deutschkurs seinen Onkel besuchen wollte. Somit konnte ich etwas Zeit gewinnen, wenn ich früher Feierabend machte.

Natürlich war klar, dass wir uns nicht in der Nähe meines Wohn- oder Arbeitsortes treffen konnten, aber das brauchte ich bei Oliver gar nicht erwähnen. Er schlug vor, uns ein paar Ortschaften weiter zu treffen und zu seinem Bruder und seiner Schwägerin zu fahren. Er hätte schon von mir erzählt, und ich sollte mir keine Gedanken machen, ich würde mich gut mit ihnen verstehen.

Die Zeitspanne bis zu unserer Verabredung war ich sehr aufgeregt und war außerdem gespannt, wie es sein würde, Oliver außerhalb des Büros zu treffen und seinen Bruder mit Schwägerin kennenzulernen. Ich konnte es kaum abwarten.

An dem besagten Tag verhielt ich mich ganz normal. Ich brachte Ramin in den Kindergarten, und wie immer würde mein Vater ihn gegen Mittag dort abholen, und er würde bei meinen Eltern sein, bis ich nach der Arbeit vorbeikam. Und Blamanni fuhr mit dem Bus wie immer zu seinem Deutschkurs.

Auf der Arbeit hoffte ich inständig, dass kein unerwarteter Anruf vom Kindergarten oder meinen Eltern kam, was mich womöglich daran hindern würde, mich mit Oliver zu treffen. Aber es blieb zum Glück alles ruhig.

So fuhr ich am frühen Mittag zum vereinbarten Zielpunkt, um Oliver zu treffen. Ich war ziemlich nervös, denn schließlich war dies der Anfang, der Anfang von allem.

Kapitel 17

Die Planung der Flucht

Am vereinbarten Treffpunkt angekommen, wartete Oliver bereits auf mich, und ich stieg zu ihm ins Auto. Während der Fahrt zur Wohnung seines Bruders war ich sehr angespannt und merkte, wie immer wieder Zweifel in mir hochkamen.

Mache ich das Richtige?

Ich saß im Auto eines mir fremden Mannes der, ohne mich wirklich zu kennen, schnell bereit war, mir zu helfen. Was wäre, wenn ihm wirklich klar würde, welcher Gefahr auch er sich damit aussetzte? Würde er kalte Füße bekommen, und ich stand am Ende wieder alleine da?

Mir gingen tausend Sachen durch den Kopf, doch ich versuchte sie, so gut es ging, zur Seite zu schieben. Ich durfte mir durch meine negativen Gedanken nicht selbst im Weg stehen. Ich musste nach vorne schauen, um mein Ziel zu erreichen.

Oliver schien ein feinfühliger Mensch zu sein, denn er hatte bemerkt, wie versunken ich in meinen Gedanken war. Er nahm meine Hand in die seine und sagte nur: „Alles wird gut!"

Bei seinem Bruder und Schwägerin angekommen, ließ meine Anspannung so langsam nach, weil ich sehr herzlich begrüßt wurde. Außerdem hatten sie einen Sohn in Ramin`s Alter, was sehr erfreulich war.

Wir verstanden uns auf Anhieb sehr gut, und Olivers Schwägerin gab mir ein Gefühl der Vertrautheit, als wenn wir uns schon länger kennen würden. Nach dem ersten Kennenlernen und einem netten

Smalltalk steuerte das Gespräch auf meine missliche Lage zu. Ich erzählte ihnen alles darüber, wie es zu der Zwangsehe gekommen war und dass ich nun versuchen wollte, diesem Gefängnis mit meinem Sohn zu entfliehen.

Sie hörten mir die ganze Zeit schweigend zu. In den ungläubigen Augen meiner Zuhörer sah ich, wie schockiert sie über meine Geschichte waren. Nachdem ich fertig erzählt hatte, brach ich in Tränen aus. Ich hatte das Gefühl, als würde ein Damm brechen, aus dem alles, was sich darin aufgestaut hatte, urplötzlich herauskam. Es war schließlich das erste Mal, dass ich das alles und in vollem Umfang jemandem erzählte.

Olivers Bruder und seine Schwägerin sahen mich mitfühlend an und nahmen mich in den Arm. Sie versprachen mir, dass ich auf sie zählen und jeder Zeit mit ihrer Hilfe rechnen könne.

Mir fiel ein Stein vom Herzen, und ich lächelte sie dankend an.

Nach einem kurzen Blick auf die Uhr merkte ich, wie schnell der Nachmittag rumging. Wir mussten leider wieder los. Ich durfte nicht zu spät bei meinen Eltern sein, um Ramin abzuholen. Weder meine Eltern noch Blamaani durften einen Verdacht schöpfen.

Wir verabschiedeten uns mit einem „Bis bald!" und Olivers Schwägerin sagte noch: „Du kannst mich jederzeit anrufen und auch mit deinem Sohn vorbeikommen, dann können die Jungs sich kennenlernen und gemeinsam spielen."

Ich bedankte mich bei ihr und drückte sie nochmal, bevor wir ins Auto stiegen.

Im Auto versicherte mir Oliver erneut, dass ich auf ihn, seinen Bruder und seine Schwägerin zählen könne, und ich mir darüber keine Gedanken machen solle, womöglich mit allem alleine da zu stehen.

Bei meinem Auto angekommen, nahm mich Oliver in den Arm und küsste mich. Ich erschrak, weil ich das, als eine verheiratete moslemische Frau, widerstandslos zuließ. Doch ich freute mich gleichzeitig, weil ich spürte, wie ernst er es mit mir meinte. Alle Zweifel und Ängste waren verflogen.

Ich fuhr voller Zuversicht nachhause und betete, dass meine Eltern mir nicht ansahen, was in mir vorging. Ich durfte mir absolut nichts anmerken lassen und musste so tun, als wenn ein ganz gewöhnlicher Arbeitstag vorüber war. Und diesen Anschein musste ich ab jetzt noch eine ganze Weile wahren, um das durch-zuziehen, was ich vorhatte.

Ich wusste auch, dass mir eine schwere Zeit bevorstand, eine Zeit des Aushaltens und des seelischen Kampfes.

Die nächsten Tage vergingen ohne große Vorkommnisse, nur in meinem Kopf arbeitete es ununterbrochen. Bei jeder möglichen Gelegenheit traf ich mich heimlich mit Oliver, und das Hauptthema war natürlich meine Flucht und wie wir es am besten angehen konnten, ohne Gefahr zu laufen, von meiner Familie erwischt zu werden.

Ich überlegte ständig, wann und welchen Schritt ich als nächsten tun sollte. Ich wollte alles so perfekt planen wie möglich. Mir war es erstens wichtig, dass ich nicht einfach so verschwinden wollte und anderen dadurch noch Probleme bereitete. Der zweite und noch wichtigere Punkt war die Frage, wohin ich überhaupt fliehen sollte.

Mein erster Gedanke ging dahin, mit Ramin vorerst in einem Frauenhaus unterzukommen. Hoffnungsvoll rief ich bei einer Frauenberatungsstelle an und vereinbarte einen Termin. Doch das Gespräch dort war sehr ernüchternd, denn Frauenhaus bedeutete, total isoliert und irgendwo mit fremden Menschen in einem abgelegenen Hause zu leben.

Wollte ich dies überhaupt? Und wie würde es Ramin dabei ergehen? Ich zweifelte, ob das das Richtige für uns war.

Als ich Oliver davon erzählte, bot er mir sofort an, mit Ramin zu ihm zu kommen. Ich sagte ihm nicht gleich zu, aber ich merkte, dass ich mich mit dem Gedanken, bei Oliver unterzukommen, mehr anfreunden konnte als in einem Frauenhaus zu leben.

Mir war es jedoch wichtig, dass Ramin Oliver vorher kennenlernte, um etwas Vertrautheit aufzubauen. Ich wollte Ramin nicht einfach ins kalte Wasser stürzen und vor vollendete Tatsachen stellen, sondern ihn Schritt für Schritt auf diese Veränderung vorbereiten.

Es war nicht leicht, sich einfach mit Oliver zu treffen und dann auch noch Ramin mit dabei zu haben. Ich musste mir immer wieder eine neue Lüge einfallen lassen, damit meine Familie und Blamaani keinen Verdacht schöpfen konnten.

Vor dem ersten Zusammentreffen zwischen Oliver und Ramin musste ich Ramin von Oliver erzählen und ihm klar machen, sich zuhause nicht zu verplappern und dass das unser Geheimnis bleiben musste. Ich wusste, dass ich ganz schön viel von meinem kleinen Sohn abverlangte, aber ich vertraute darauf, dass er verschwiegen sein würde. Dieses Risiko musste ich eingehen, was blieb mir auch anderes übrig. Schließlich war es mir sehr wichtig, dass Ramin und Oliver sich verstanden und miteinander auskommen konnten. Wenn ich das Gefühl bekommen hätte, dass beide nicht miteinander klarkamen, wäre die Option, bei Oliver einzuziehen, für mich nicht in Frage gekommen.

Aber zum Glück verlief das erste gemeinsame Treffen sehr gut. Oliver gab sich sehr große Mühe mit Ramin, und auch Ramin war ihm gegenüber sehr aufgeschlossen. Es war schön zu sehen, wie beide nach kurzer Zeit so vertraut miteinander umgingen. Somit konnte ich mich guten Gewissens entscheiden, mit Ramin zu Oliver zu ziehen. Ich war darüber sehr erleichtert, weil ich Ramin nun nicht zumuten musste, in einer fremden Umgebung mit fremden Menschen in einem Frauenhaus zu sein. Es würde so schon alles schwer genug für ihn und ebenso für mich sein, mit der neuen Situation klar zu kommen. So war es wenigsten gut, dass wir Oliver, seinen Bruder und seine Schwägerin um uns hatten, die uns nun vertraut waren.

Natürlich wusste Ramin nichts von meinem Plan, mit ihm zu flüchten, und so sollte es bis zum Tag der Flucht bleiben. Nach jedem heimlichen Treffen mit Oliver, Ramin und mir erinnerte ich ihn an unser Geheimnis, dies auch niemanden zu erzählen.

Mein nächster Schritt war der Gang zu meinem Vermieter, um ihn darüber zu informieren, dass ich die Wohnung bald verlassen würde. Ich erzählte ihm von meiner Situation und meinem Plan zu flüchten. Er zeigte Gott sei Dank großes Verständnis und wollte mir wegen der Wohnung keine Steine in den Weg legen und sagte nur, ich solle meinen Weg gehen.

Sobald keine Miete mehr bei ihm einginge, wisse er, dass ich weg bin und mit der hinterlassenen Kaution kümmere er sich um die Leerräumung der Wohnung.

Mir war klar, dass Blamaani die Wohnung nicht würde halten können, ohne Arbeit und ohne Geld. Aber das war mir egal. Wichtig waren jetzt mein Sohn und ich, unser Leben selbst in die Hand zu nehmen und das zu tun, was wir für richtig hielten und nicht, was andere von uns wollten.

Nachdem ich auch meiner Chefin anvertraut hatte was ich plante, fiel mir ein Stein vom Herzen, dass ich auch bei ihr auf so viel Verständnis stieß. Auch sie versprach mir, niemanden davon zu erzählen und unterstütze mich sogar dabei, in dem sie mir erlaubte, jeglichen privaten Schriftverkehr vom Büro aus zu erledigen. So kündigte ich alles, was zu kündigen war, per Mail oder schriftlich per Post und ließ mir alle Bestätigungen ins Büro schicken.

Nach und nach nahm ich morgens, wenn Blamaani zum Deutschkurs fuhr, persönliche Unterlagen von zuhause mit auf die Arbeit und gab sie Oliver mit. Zuhause und bei meinen Eltern verhielt ich mich nach wie vor normal und spielte die brave gehorsame Ehefrau.

Es vergingen etwa zwei Monate, bis ich alles Wichtige soweit für mich geklärt hatte, niemandem irgendetwas schuldig war und ich ohne schlechtes Gewissen fliehen konnte.

Nur eine Woche vor meinem Verschwinden legten Oliver und ich den Tag fest, an dem die Flucht stattfinden sollte. Ich war unheimlich nervös und voller Angst, dass es im letzten Moment doch noch rauskäme und alle Vorbereitungen umsonst waren. Es war nicht auszudenken, was wäre, wenn meine Familie und Blamaani mich von meinem Plan gewaltsam abhalten würden.

Oliver sprach mir viel Mut zu und bestärkte mich immer wieder bei dem, was ich vorhatte. Ich wüsste nicht, ob ich diesen Schritt jemals gewagt hätte, ohne die Unterstützung von Oliver und ohne meinen Sohn. Beide gaben mir den Mut und die Stärke, die ich zu diesem Schritt gebraucht hatte.

Ich betete jeden Tag, dass alles so klappte, wie ich es mir vorstellte. Endlich ein Leben ohne Ängste, ohne Vorschriften. Ein Leben so wie ich es mir schon immer gewünscht hatte, wie es Millionen andere Frauen auch lebten. Ein normales Leben mit meinem Sohn genießen, in Freiheit und mit Respekt. Ich wollte einfach nur aufatmen und leben. Und ich spürte, dass es so kommen würde, ich spürte das Kribbeln in meinem Bauch vor lauter Vorfreude, mein altes Leben endlich hinter mir zu lassen, auch wenn ich dafür Opfer bringen musste und ich am Ende ohne Familie dastand.

Aber das war es mir wert!

Mein Leben und das meines Sohnes in Freiheit war es mir wert, dieses Opfer zu bringen.

Kapitel 18

Die Flucht

Es war soweit: Der Morgen, an dem unsere Flucht stattfinden sollte, war angebrochen.

Ich war unheimlich nervös und aufgeregt, und ich spürte die Angst so sehr, dass mir schon übel war, bevor ich aufstand. Ich durfte und wollte nicht daran denken, dass etwas schiefgehen konnte.

Es war überhaupt ein Wunder, dass bisher weder aus meiner Familie noch Blamaani etwas bemerkt hatten, dass irgendetwas nicht mit mir stimmte. Denn durch die Anspannung und Aufregung der letzten Woche aß ich kaum noch was und verlor dementsprechend an Gewicht. Aber Gott sei Dank blieben mir unangenehme Fragen seitens meiner Familie erspart.

Das einzige, was meine Mutter mir ab und an sagte, waren Anweisungen wie, ich solle mehr essen, dass ich mehr auf die Rippen bekäme, was sollen sonst die Leute denken, wenn die mich so dünn sehen.

Meine Mutter hatte immer nur Sorge, was andere Leute wohl dachten und mir es in meiner Ehe womöglich nicht gut ging. Dass dies tatsächlich der Wahrheit entsprach, davor verschloss sie die Augen.

Wichtig war für sie alleine, dass der äußere Schein und die Fassade außen stimmten. Hauptsache die Leute dachten, ich sei glücklich. Dass das nicht so war und ich mich jeden Tag quälte mit dem, was ich in meinen eigenen vier Wänden aushalten musste, das wollte sie nicht wissen. Dass ich meinem neuen vermeintlichen Mann immer zur Verfügung stehen musste, ob ich wollte oder nicht, dass ich nach jedem Geschlechtsakt in Tränen ausbrach, weil es einer Vergewaltigung gleich kam, dass alles wollte sie nicht hören.

Ich hatte es schon lange aufgegeben, zu versuchen, ihr meine Sorgen und Schmerzen mitzuteilen, weil ich genauso gegen eine Wand hätte reden können, was aufs Gleiche hinauslief. All das hielt ich aus, einzig mit der Hoffnung und dem Ziel vor Augen, alles bald hinter mir lassen zu können.

Wie jeden Morgen machte ich Ramin für den Kindergarten fertig, während sich Blamaani auf den Weg zu seinem Deutschkurs begab und etwa eine halbe Stunde vor uns die Wohnung verließ. Hinter der Gardine stehend blickte ich aus dem Fenster und sah, wie er in Richtung Bushaltestelle lief. Sofort rief ich Oliver an, denn es war ausgemacht, dass ich mich bei ihm meldete, sobald Blamaani in Richtung Bushaltestelle unterwegs war.

Oliver`s Kumpel fuhr nämlich dem Bus, in den Blamaani einstieg, hinterher, um sicher zu gehen, dass er auch wirklich zum Deutschkurs ging. Und Oliver`s Kumpel blieb dann sogar solange im Auto vor dem Gebäude, in dem der Deutschkurs stattfand, sitzen, um im Falle dessen, dass Blamaani doch früher als gedacht nachhause kam, uns schnell informieren zu können.

Nachdem ich Ramin in den Kindergarten gebracht hatte und sicher war, dass Blamaani nicht so schnell zurückkam, fing ich an, alles was ich zuhause greifen konnte, in Säcke zu packen. Wichtig waren für mich vor allem alle Spielsachen von Ramin, weil ich wusste, wie sehr er an diesen Dingen hing.

Keine fünf Minuten später klingelte auch schon Oliver an der Tür mit weiteren zwei Freunden von ihm. Wir packten einen Sack nach dem anderen. Unten stand ein Sprinter, den Oliver und seine

Freunde nach und nach mit den Säcken voller Kleidung und persönlichen Dingen von mir und Ramin beluden.

Damit meine Nachbarn, vor allem die marokkanischen Nachbarn, die im Haus gegenüber wohnten, den Sprinter vor der Tür nicht mit mir in Verbindung brachten, vermied ich es, die Säcke mit runter zu tragen. Wenn die Nachbarn merken würden, dass wir gerade meine Wohnung ausräumten, bestünde die Gefahr, dass sie meine Eltern informierten, die dann rüber gefahren kamen und mich vehement aufhalten würden.

Innerhalb von zwanzig Minuten waren zweiundzwanzig Säcke gefüllt und der Sprinter voll beladen. Selbst an Ramin`s Fahrrad hatte ich gedacht und Oliver drum gebeten, es aus dem Keller in das Fahrzeug zu packen.

Nachdem so gut wie alle Schränke, außer der Küchenschränke, leergeräumt waren, fuhren Oliver und seine Freunde schon ab. Ich blieb noch eine Weile in der Wohnung und ging von Zimmer zu Zimmer, um mich von den verbliebenen Sachen zu verabschieden.

Ich spürte einen Kloß in meinem Hals und mir wurde bewusst, dass es eine Verabschiedung für immer war. Nie hätte ich gedacht, dass es mal soweit kommen würde und ich diesen Weg gehen musste, um frei zu leben, um mein Leben zu leben.

Während ich in Ramin`s Kinderzimmer stand, liefen mir die Tränen über die Wangen und ich fragte mich, was ich getan hatte, dass es soweit kommen musste, mit meiner Familie zu brechen und vor ihnen zu flüchten.

Mir wurde so schwer ums Herz, und es tat weh, dies alles hinter mir zu lassen, all das, was ich mir nach der Scheidung erarbeitet hatte. Aber ich wusste auch, dass die materiellen Sachen ersetzbar waren. Und auch nicht die Sachen, die Möbel, die ich hier hinterließ, machten mich traurig, sondern die Tatsache, dass ich ab jetzt allein und ohne meine Familie sein würde sowie die Tatsache, dass mir wahrlich keine andere Wahl blieb.

Ich nahm die Wohnungsschlüssel in die Hand, legte sie auf die Fensterbank und zog die Wohnungstür hinter mir zu, - für immer.

Ich stieg ins Auto und fuhr zum Kindergarten, um Ramin gleich abzuholen. Als er mich sah, guckte er erstaunt mit großen Augen und fragte mich, warum ich schon wieder da war und ihn abholte.

Ich sagte ihm kurz und knapp, dass er sich bitte von den Erzieherinnen verabschieden solle, und alles weitere würde ich ihm im Auto erklären.

Einer der Erzieherinnen sagte ich schnell, dass Ramin nicht mehr in den Kindergarten kommen werde und erklärte ihr kurz und knapp den Grund dafür. Sie drückte mich mit Tränen in den Augen ganz fest und wünschte uns alles Gute.

Ich nahm Ramin´s Hand, und wir gingen zum Auto.

Natürlich fragte mich Ramin, kaum als ich losfuhr, wohin es denn ginge.

Ich erklärte ihm, dass wir zu Oliver ziehen werden, er ein neues Zimmer bekomme und wir hierher nie wieder zurückkommen werden.

Nach ein paar Sekunden sagte er: „Ich weiß, warum wir weggehen. Der Opa und die Oma sind immer so böse zu dir, stimmt´s? Und weil Opa mit mir geschimpft hat, als ich ihm erzählte, dass ich Schweinefleisch im Kindergarten gegessen habe."

Ich schaute ihn im Rückspiegel an und sagte: „Ja, auch deswegen."

Da merkte ich mal wieder und war erstaunt, was mein kleiner fünfjähriger Sohn doch alles mitbekam, und sogar er spürte, wie unglücklich ich war.

Dann sagte er etwas, was mich sprachlos vor Rührung machte und mir wieder Tränen in die Augen schossen. Er sagte: „Weißt du Mama, egal was passiert, hauptsache wir bleiben zusammen."

In dem Moment, als er dies aussprach, da wusste ich, ich mache das richtige. Alle Zweifel und Ängste waren durch diesen einen Satz weg.

Ich sah ihn lächelnd an und versprach ihm: „Das werden wir, mein Schatz, wir bleiben zusammen!"

Kapitel 19

Gedanken und Fragen

Voller Zuversicht und doch mit Angst erfüllt, entfernten wir uns immer weiter von unserem ehemaligen Zuhause. Immer wieder schaute ich in den Rückspiegel, um zu sehen, ob uns jemand folgte. Ich überlegte krampfhaft, ob ich an alles gedacht und nicht einen ungewollten Fehler gemacht hatte, so dass meine Familie nachverfolgen konnte, wo ich mich befand.

Ramin fing an zu erzählen, was er so alles im Kindergarten erlebt hatte. Doch ich hörte ihm kaum richtig zu, weil sich meine Gedanken ständig darum drehten, wie wohl Blamaani und meine Familie reagierten, wenn sie bemerkten, dass wir verschwunden waren.

Ramin riss mich aus meinen Gedanken als er fragte, ob er denn auch nie wieder seine Freunde sehen würde.

Ich sah ihn schweigend vom Rückspiegel aus an und merkte, wie traurig er wurde, weil ich keine Antwort gab. Ich versprach ihm jedoch, dass er ganz sicher neue Freunde finden würde und diese ihn dann sogar in seinem neuen Zimmer besuchen dürften. Damit gab er sich zufrieden, und ich war froh und erleichtert darüber, dass Ramin mir das Gefühl gab, das richtige getan zu haben.

Bei Oliver angekommen, musste ich die ganze Odyssee erst sacken lassen. Ich setzte mich mit Ramin ins Wohnzimmer und wollte erstmal nichts sagen. Immer wieder gingen mir die Bilder durch den Kopf, wie ich meine Sachen packte und abhaute.

Und nun saß ich da, und es gab kein Zurück mehr.

Ich konnte es kaum glauben, dass ich das wirklich durchgezogen hatte; weg von meinen Eltern, meinen Brüdern und meiner Schwester. Nie wieder würde ich Kontakt zu ihnen haben können. Nie würde ich erfahren, wie es ihnen erging und was aus ihnen geworden war.

Aber in all den Momenten des Grübelns ist mir immer stärker bewusst geworden, dass es keinen anderen Ausweg für mich und Ramin gab. Dieses schmerzliche Opfer musste ich wohl oder übel auf mich nehmen.

Mir war klar, dass ich nicht so einfach zum Hörer greifen konnte, um meine Eltern oder sonst jemanden aus der Familie anzurufen, um zu fragen, wie es denn gehe oder Neuigkeiten von mir und Ramin erzählen.

Das würde nie wieder so sein.

Diese Tatsache wurde mir jetzt so richtig bewusst, und es machte mich unheimlich traurig, dass es keinen anderen Kompromiss geben konnte, mein Leben so zu leben, wie ich es für richtig hielt, ohne dabei mit meiner Familie brechen zu müssen.

Oliver merkte natürlich, wie versunken ich in meinen Gedanken war. Er nahm mich in den Arm und hielt mich fest. Auch Ramin kam zu mir und setzte sich auf meinem Schoß. Ich drückte beide ganz fest und war froh, zwei so starke und liebe Männer an meiner Seite zu haben.

Nachdem ich mich etwas gefangen hatte, fing ich an, die ganzen Säcke und Kisten auszupacken. Ramin half fröhlich mit und räumte all seine Sachen in sein neues Zimmer und fragte mich dabei Löcher in den Bauch, wann er denn in den neuen Kindergarten komme und ob er dann bald seine neuen Freunde mit nachhause nehmen dürfe.

Ich war unheimlich froh, dass er so schnell sein neues Zuhause akzeptierte und dankte dem lieben Gott, so einen liebeswerten und vernünftigen Sohn zu haben.

Nachdem wir gemeinsam gegessen hatten und Ramin in seinem neuen Bett lag, saßen Oliver und ich noch zusammen auf der Couch und unterhielten uns, wie es nun für mich weiter gehen sollte.

Natürlich müsste ich mich bald um eine neue Arbeitsstelle bemühen, denn ich wollte Oliver nicht auf der Tasche liegen und mich auch an der Miete beteiligen.

Doch erstmal musste ich für eine Zeit lang die Füße stillhalten und ein paar Tage vergehen lassen, bis etwas Gras über meine Fluchtspuren gewachsen war.

Zum Glück war noch ein halbes Jahr Zeit, bis ich Ramin für die Grundschule anmelden musste. Somit konnte ich in Ruhe schauen, in welchen Kindergarten Ramin für die letzten paar Monate gehen konnte.

Es war mir wichtig, dass er schnell Anschluss fand und Kinder kennenlernte, die dann mit ihm zusammen in die Schule wechselten.

In dieser ersten Nacht kam ich nicht zur Ruhe, und mir gingen weitere viele Dinge durch den Kopf. Ich fragte mich vor allem, wie es meinen Eltern und Geschwistern gerade ging, nachdem sie bemerkt hatten, dass ich mit Ramin geflüchtet war.

Ob sie sich wohl eingestanden, dass sie Fehler gemacht haben und jetzt merkten, dass sie durch ihr Verhalten mich zur Flucht getrieben hatten? Oder waren sie eher sauer und enttäuscht über mich, dass ich eine solche Schande über die Familie gebracht hatte? Was dachten sie jetzt über mich? Und was würden sie den Leuten sagen, wenn es schnell die Runde machte, dass ich mit meinem Sohn geflüchtet war? Wo es doch gerade meiner Mutter immer wichtig war, dass die Leute nur Gutes über uns dachten und ich den Schein einer glücklichen Ehe wahren musste.

Leider oder besser gesagt, zum Glück, konnte ich niemanden dazu fragen, der mir dann die entsprechenden Antworten gab.

Nein! Ich wollte auch gar nicht wissen, was meine Familie von meiner Flucht hielt.

Ich wusste tief im Inneren, dass sie mein Verhalten zutiefst verletzte und von mir nur enttäuscht sein konnten.

Aber solche Gedanken musste ich zur Seite schieben, schließlich hatte auch niemand aus meiner Familie Rücksicht auf mich und mein Befinden genommen.

Nie wurde ich gefragt, was ich wollte und ob ich überhaupt wollte.

Wie es Blamaani jetzt ging, und was er über meine Flucht dachte, war mir ebenso egal. Es wäre niemals so weit gekommen, wenn er damals mein „Nein" akzeptiert hätte und ich ihn nicht hätte heiraten müssen.

Ebenso bewusst war mir, dass er bald aus Deutschland ausgewiesen werden würde, wenn ich die Heirat annullieren lies. Ich hatte mich dazu im Vorfeld bei der Ausländerbehörde informiert, und da erklärte man mir, wenn sich eine Deutsche von ihrem ausländischen Mann vor Ablauf von zwei Jahren trenne und sich scheiden lasse, habe der Mann kein Recht mehr, in Deutschland zu bleiben.

Ich war sehr froh über dieses Gesetz, dass er wieder dorthin zurück musste, von wo er herkam.

Einen Tag nach der Flucht rief ich im ehemaligen Kindergarten von Ramin an und erkundigte mich, ob jemand von meiner Familie da war um Fragen zu stellen. Tatsächlich erzählte mir die

Erzieherin, dass mein Vater da gewesen war und wissen wollte, ob ich ihr gesagt habe, wo ich hinwollte.

Natürlich spielte die Erzieherin die Ahnungslose, zumal sie ja wirklich nicht wusste, wohin ich mit Ramin geflohen war. Niemandem hatte ich auch nur andeutungsweise erzählt, wohin meine Flucht ging. Ich wollte und konnte niemanden vertrauen.

Ramin und ich waren für alle spurlos verschwunden. Weg von meinen Eltern, weg von meinen Geschwistern, weg von allen Verwandten. Selbst wenn ich wollte, konnte ich zu niemanden Kontakt halten, aus Angst, dass meine Verwandtschaft mir oder Ramin was antaten.

Um wirklich frei zu sein, kümmerte ich mich erstmal darum, die Zwangsehe annullieren zu lassen. Ich fand eine Anwältin die auf Familienrecht spezialisiert war, insbesondere Zwangsehen gehörten zu ihrem Fachgebiet.

Gott sei Dank hatte ich bei der Flucht alle relevanten Unterlagen mitgenommen, die ich für eine Annullierung brauchte. Nach einigen Terminen bei der Anwältin und Telefonaten mit weiteren Fachleuten für die Aufhebung von Zwangsehen wurde meine Ehe innerhalb von zwei Monaten annulliert.

Für mich war es sehr bedeutsam, dass diese Ehe nicht als reguläre Ehe angesehen wurde. Denn somit musste ich nicht den normalen und langwierigen Scheidungsprozess durchlaufen, und des Weiteren hat sie durch die Annullierung nie Gültigkeit gehabt, es hat diese Ehe quasi offiziell nie gegeben.

Meine Anwältin teile mir auch mit, dass Blamaani aus Deutschland bereits ausgewiesen worden war. Damit war das Thema Blamaani für mich endgültig erledigt.

Kapitel 20

Die Stimme meiner Mutter

Es vergingen acht Monate ohne besondere Vorkommnisse.

Ramin besuchte für ein paar Monate vor seiner Einschulung noch einen Kindergarten und fand schnell neue Freunde. Auch ich fühlte mich in der neuen Umgebung sehr wohl und gewann rasch Anschluss.

Ich verdiente mir etwas Geld bei verschiedenen Nebenjobs und war nach der Schule immer für Ramin da. Endlich durfte ich spüren, wie es ist, frei zu sein, das zu tun, was mir grad in den Sinn kam, ohne jemanden um Erlaubnis zu bitten. Selbst das anzuziehen, was ich wollte und mir gefiel, war eine ganz neue Erfahrung für mich.

Trotz der neu gewonnenen Freiheiten, überkam mich sehr oft eine tiefe Traurigkeit. Mit niemanden aus meiner Familie konnte ich meine Freude teilen, nicht erzählen wie Ramin sich entwickelte und wie gut er in der Schule mitkam.

Aber dafür bekam ich großen Halt von Oliver, seinen Eltern, seinem Bruder und dessen Frau. Insbesondere Olivers Schwägerin wurde eine sehr gute Freundin für mich, die immer für mich da war und auf die ich immer zählen konnte. Ramin und ihr Sohn verstanden sich sehr gut und wurden gute Freunde. Olivers Schwägerin war auch immer für Ramin da, wenn ich mal nachmittags oder am Wochenende arbeiten musste.

Schnell hatten wir uns an unser neues Leben und Zuhause gewöhnt und genossen unseren ganz normalen Alltag.

Eines Morgens wollte ich Ramin gerade in die Schule fahren und war dabei, seinen Schulranzen in den Kofferraum zu tun, als ich die Stimme meiner Mutter hinter mir hörte.

In der ersten Sekunde dachte ich noch, ich hätte mich verhört, aber da rief sie mich noch einmal. Ich drehte mich um und sah, wie meine Mutter mit meinem Bruder mir entgegenkamen.

Ich rief Ramin zu, er solle schnell wieder ins Haus laufen. Ich hatte große Angst, dass sie Ramin und mir was antun würden oder uns ganz und gar in deren Auto reinzwängten und mitnahmen.

Ganz erschrocken sah ich beide an und rannte dann Ramin hinterher ins Haus zurück, und meine Mutter und mein Bruder mir hinterher.

Ehe ich mich versah, hatten sie mich eingeholt und standen beide bei uns in der Wohnung im Flur. Oliver erkannte sofort was los war, rannte in die Küche und griff zu einem Gegenstand, um uns notfalls verteidigen zu können.

Ich stand wie erstarrt, Ramin versteckte sich hinter mir und hielt sich an meinem Bein fest. Meine Mutter sah mich mit emotionslosem Blick an und sagte mir, dass sie nur hier wäre, weil mein Vater den Wunsch geäußert habe, nochmal mit mir zu sprechen. Er läge schwer krank im Krankenhaus und würde sich wünschen, dass ich ihn besuchen komme.

Sie schmiss mir einen kleinen Zettel entgegen und sagte: „Hier ist die Telefonnummer vom Krankenhaus. Ruf ihn an oder lass es. Du hast uns ja gezeigt, dass du so oder so nur das tust, was du willst. Und glaub ja nicht, dass du wieder zu uns angekrochen kommen kannst. Jetzt hast du einen Deutschen als Mann und hast damit die größte Schande über unsere Familie gebracht! Für uns bist du gestorben!"

Ich sah sie erschrocken an und brachte keinen Ton aus mir raus.

Mein Bruder sah mich verachtend an und sagte nur: „So wie du abgehauen bist, ist das letzte!"

Das war das einzige, was mein Bruder sagte. Keiner der beiden gab mir das Gefühl, mich nur ansatzweise zu verstehen, geschweige denn mir die Möglichkeit zu geben, mich zu erklären. Keiner der beiden fragte mich oder Ramin, wie es uns ging oder nahm uns in den Arm. Dafür, dass meine Mutter damals immer sagte, Ramin wäre ihr ein und alles, ihr erstes Enkelkind, das sie über alles liebte, würdigte sie ihn keines Blickes, und beide taten so, als wäre Ramin gar nicht anwesend. Keine zehn Minuten später drehten sie sich um und gingen.

Dieser Schock saß tief, und ich brauchte einen Moment, um wieder zu mir zu finden. Ramin sah mich total verängstigt an. Ich nahm ihn an der Hand und wir setzten uns erstmal. Auch Oliver war über diese Situation geschockt, und ich musste ihm erstmal erklären, was meine Mutter und mein Bruder von mir wollten, weil sie marokkanisch gesprochen hatten, was Oliver nicht verstand.

Dann versuchte ich Ramin zu beruhigen und erklärte ihm, dass Oma und Onkel nur da waren um zu sagen, dass Opa krank aber schon auf dem Weg der Besserung sei.

Da ich mit Ramin seit der Flucht nur Deutsch sprach, verstand auch er nicht, was meine Mutter und mein Bruder gesagt hatten. Um Ramin etwas abzulenken, erlaubte ich ihm, den Fernseher anzumachen um sich eine Comicserie anzuschauen. Zur Schule wollte ich ihn jetzt nicht fahren, aus Angst meine Mutter und mein Bruder könnten noch um die Ecke stehen, um mich und Ramin erneut abzupassen.

Alles kam nun wieder in mir hoch, und ich realisierte so langsam, was da eben passiert war. Oliver und ich fragten uns, wie meine Familie herausfinden konnte, wo wir wohnten. Ich war zwar in der

Wohnung angemeldet aber bei der Behörde mit einer Auskunftssperre vermerkt.

Die einzige Erklärung, die wir uns vorstellen konnten war, dass sie es durch meine ehemalige Arbeitsstelle rausfanden und mich mit Oliver in Verbindung brachten. Und da die Wohnung auf Oliver gemeldet war, war es wohl für sie eine Leichtigkeit, die Adresse rauszufinden.

Doch das war mir in dem Moment egal, wie sie das rausbekommen hatten.

Viel schlimmer und enttäuschender fand ich, dass meine Mutter und mein Bruder keinerlei Emotionen und total kalt mir gegenüberstanden.

Ich hätte mir in dieser Situation gewünscht, dass meine Mutter mich und Ramin mal in den Arm genommen hätte, nach alldem was passiert war und wir uns acht Monate nicht gesehen hatten.

Doch was hatte ich erwartet, schließlich war ich in deren Augen die Böse und diejenige, die jetzt bestimmt schuld daran war, dass mein Vater erkrankte. Das warfen sie mir früher auch schon vor, wenn mein Vater oder meine Mutter krank würden, sei das alleine meine Schuld.

Damit musste ich jetzt leben. Ich war diejenige, die Schande über die Familie gebracht hat und diejenige, die es für meine Familie nicht mehr gab.

Ich war für meine Familie gestorben.

Kapitel 21

Den Wert einer Couch

Die feindselige Begegnung mit meiner Mutter und meinem Bruder beschäftigte mich noch Wochen danach. Immer wieder kamen mir die Bilder der Situation vor Augen, und ich hörte ihre Stimmen noch sehr lange nach.

Nachts konnte ich nicht einschlafen, weil mir ständig alle möglichen Varianten durch den Kopf gingen, wie unser Aufeinandertreffen vielleicht hätte anders verlaufen können. Sowohl die negativen als auch positiven Möglichkeiten spukten in meinem Kopf herum. Am meisten hätte ich mir natürlich die erfreuliche Begegnung gewünscht, von meiner Mutter in den Arm genommen zu werden, mit den Worten, dass alles wieder gut werden würde und sie für mich und Ramin da wäre, alles Geschehene hinter uns zu lassen und von vorne neu anzufangen.

Leider war dem nicht so, ganz im Gegenteil; die Kaltherzigkeit und das emotionslose Verhalten meiner Mutter und meines Bruders erschraken mich zutiefst.

Das Schlimme an der ganzen Sache war auch, dass ich selbst keine Möglichkeit hatte, daran etwas zu ändern. Klipp und klar haben sie mir zu verstehen gegeben, dass ich für meine Familie nicht mehr existierte.

Natürlich hätte ich über meine belastenden Gedanken hinwegsehen oder sie übergehen können. Schließlich wusste ich, wo ich meine Familie antreffen konnte, um den Versuch einer Versöhnung zu wagen. Aber meine Angst zu diesem Schritt war einfach viel zu groß. Die Angst davor, dass sie mir und Ramin unter falschem Glaubensvorwand etwas antaten, um sich für die Schande, die ich über die Familie gebracht hatte, zu rächen.

Nein, das durfte und wollte ich nicht wagen. Dafür war mir mein eigenes Leben und das meines Sohnes viel zu viel wert.

Nach alldem, was wir mit der Flucht auf uns genommen hatten, wollte ich es nicht riskieren, dass alles umsonst gewesen war. Ich musste das traditionelle Denken meiner Familie akzeptieren und selbst versuchen, die Schuld nicht bei mir zu suchen; meine Familie war nun mal so, wie sie ist.

Nur wenn ich das für mich akzeptierte, ohne innerlichen Groll oder Hassgedanken, konnte ich Abstand davon gewinnen und mein eigenes Leben weiterhin nach meinen Vorstellungen in die Hand nehmen.

Auch an Oliver ging das ganze natürlich nicht spurlos vorbei. Wir unterhielten uns stundenlang über das Geschehene, und auch er kam immer wieder zu den Punkt zurück, dass wir alles richtig gemacht hatten und es keinen Grund gab, überhaupt etwas zu bereuen und wir weiterhin nach vorne schauen sollten.

Trotzdem hatte ich die nächsten Wochen weiterhin Angst, wenn ich die Wohnung verließ, nicht doch von jemandem aus meiner Familie plötzlich um die Ecke erwartet zu werden. Ich war angespannt und nervös, und auch Ramin ließ ich zur Vorsicht nicht aus den Augen. Während Ramin in der Schule war, war ich voller Furcht, dass ihn jemand auch dort abpassen könnte. Doch Gott sei Dank waren meine Befürchtungen vergebens, und nach und nach wurde ich wieder ruhiger und war nicht mehr so ängstlich.

Nach ein paar Monaten, in denen ich meinen Nebenjobs nachging und auch Ramin sich gut eingelebt und wir beide gute Freunde gefunden hatten, stand uns unerwartet ein Umzug aus der Wohnung bevor. Der Vermieter von Oliver meldete Eigenbedarf an, und wir suchten fortan für uns zu dritt eine geeignete neue Unterkunft.

Wir hatten Glück und fanden eine Straße weiter eine schöne große Drei-Zimmer-Wohnung die uns sofort gefiel. Nicht mal eine Woche nach der Besichtigung bekamen wir schon die Zusage.

Wir freuten uns sehr darauf, in unserem neuen Domizil gemeinsam etwas Eigenes beginnen zu können. Es war nun ein Teil meiner neu gewonnenen Freiheit, zusammen mit meinem Sohn und Oliver, meinem Freund, unsere Wohnung herzurichten und nach unseren Vorstellungen einzurichten.

Es machte großen Spaß zu renovieren und schöne Einrichtungssachen für die Wohnung einzukaufen. Während wir so planten, was wir noch alles für die Wohnung brauchten, fiel mir plötzlich etwas ein, was ich durch die Flucht vergessen und woran ich gar nicht mehr gedacht hatte.

Bevor der Plan meiner Eltern mit meiner Zwangsehe umgesetzt wurde und ich zu dieser Zeit nicht im Entferntesten daran dachte, was mir später widerfahren würde, hatte ich mir im Möbelgeschäft in der Nähe meines Wohnortes eine neue Wohnzimmercouch bestellt. Diese sollte dann in circa acht Wochen abholbereit sein.

Ich bekam dazu natürlich eine schriftliche Nachricht, um diese abzuholen. Nur hatte ich dann weder Zeit, Lust noch die Nerven dazu, mich darum zu kümmern, wann und wie ich die neue Couch abholen konnte. Schließlich war ich mitten in meiner schweren Situation mit der Zwangsehe.

Jedes Mal, wenn eine Nachricht vom Möbelgeschäft kam, rief ich an und bat um Aufschub der Abholung. Da die Couch bereits von mir bezahlt war, vereinbarte ich mit dem Möbelgeschäft letztendlich, diese bei ihnen einzulagern, bis ich die Zeit fände, sie abzuholen.

Nachdem nun viele Monate vergangen und wir gerade dabei waren, unsere neue Wohnung einzurichten, fiel mir meine eingelagerte Couch wieder ein.

Ich suchte sogleich die Nummer des Möbelgeschäftes heraus, rief an und fragte danach. Was ich allerdings zu hören bekam, war so unerwartet, wie ein Schlag ins Gesicht.

Der Mann fragte mich nämlich ganz verwundert, warum ich nach der Couch fragte, schließlich sei sie ja schon längst abgeholt worden und befände sich somit ganz sicher nicht mehr im Lager.

Ich war so perplex, dass ich erstmal nicht richtig verstand, was er mir da sagte. Ich fragte ihn dann, wer denn die Couch abgeholt habe.

Er antwortete, dass er mir das nicht mehr genau sagen könne, aber hier habe er noch einen Abholschein und eine Empfangsbestätigung mit einer Unterschrift darauf, die aus meinem Vor- und Nachnamen bestand.

Ich konnte es einfach nicht glauben, was er mir da erzählte und erklärte ihm, dass ich nicht diejenige war, die die Couch abgeholt und somit auch nicht unterschrieben habe.

Er aber erklärte mir sachlich, dass er nur das sagen könne, was er hier laut der Unterlagen vorliegen habe.

Ich legte auf und wartete, bis Oliver von der Arbeit kam um ihm das alles zu erzählen. Wir entschieden uns, gleich zum Möbelgeschäft zu fahren, um uns davon zu überzeugen, dass wohl jemand anders meine Unterschrift gefälscht hatte, um die neue Couch mitzunehmen.

Dort angekommen zeigte uns der Mann, mit dem ich telefoniert hatte, auch gleich die Empfangsbestätigung mit der Unterschrift drauf. Und tatsächlich wurde mit meinem Namen unterschrieben, und ich erkannte kaum einen Unterschied zu meiner eigenen Unterschrift.

Ich fragte ihn, wie es denn sein könne, dass jemandem einfach etwas rausgegeben werde, ohne die Sicherheit zu haben, dass es der richtige Auftraggeber ist.

Erneut erklärte er nur kurz und knapp, wenn ein Kunde mit einem gültigen Abholschein komme und unterschreibe, sei die Sache für das Geschäft erledigt.

Wir fuhren wieder heim, und ich konnte es kaum fassen, dass augenscheinlich meine Familie, die den Abholschein in meiner Wohnung gefunden hatte, sich die Couch unter den Nagel gerissen hatte. Mir ging es absolut nicht um die Couch, sondern es machte mich unfassbar traurig, dass meinen Eltern und Geschwistern nichts wichtiger war, als sich aus Rache etwas Materielles von mir an sich zu reißen.

Das zeigte mir sehr schmerzhaft, wie bedeutungslos Ramin und ich ihnen waren und wie schnell sie uns aus ihrem Leben gestrichen hatten. Ich war zutiefst enttäuscht und der Schmerz saß noch tiefer als er sowieso schon war.

Ich brauchte lange, um darüber hinweg zu kommen.

Eine Couch war meiner Familie wertvoller, als die eigene Tochter und den eigenen Enkel wiederzugewinnen.

Kapitel 22

Neue Wege

Ich besaß einen alten Opel Astra der mehr schlecht als recht fuhr, und deshalb musste ich mir langsam Gedanken machen, diesen zu verkaufen und ein neues gebrauchtes Auto zu erstehen.

Zum Glück nahm ich bei meiner Flucht nicht nur alle wichtigen Unterlagen und Klamotten mit, sondern auch all den Hochzeitsschmuck aus meiner ersten Ehe mit Rachid, den ich traditionell von meiner Familie und den Schwiegereltern geschenkt bekommen hatte.

Ich wollte diesen Schmuck nicht mehr länger behalten, da er mich ständig an diese schlimme Ehe erinnerte. So nahm ich eines Tages all die Ringe, Armbänder, Ohrringe, Halsketten sowie einen goldenen Gürtel zusammen und fuhr damit in die Stadt zu Goldhändlern.

Ich wusste so ungefähr, was der Schmuck wert war und ließ mir bei drei Händlern ein Kaufangebot unterbreiten. Letztendlich verkaufte ich den Schmuck an den Händler, der mir am meisten bot.

Somit konnte ich mein altes Auto getrost verkaufen, für das ich sowieso nur noch einen kleinen Restwert erhielt und kaufte mir zusammen mit dem Erlös aus dem Schmuckverkauf ein neues, kleines, gebrauchtes Auto.

Der Verkauf des alten Autos war eine Art Erlösung für mich, da ich es, wie den Schmuck, mit all den schlechten Erinnerungen aus der Vergangenheit in Verbindung brachte.

Als nächsten Schritt in eine bessere Zukunft wollte ich von meinen Nebenjobs wegkommen, in denen ich nur geringfügig verdiente und fing deshalb an, mich in Zahnarztpraxen zu bewerben, um meinen erlernten Beruf als Zahnarzthelferin wieder aufzunehmen.

Es erwies sich als nicht einfach, eine Stelle in Teilzeit zu finden, denn ich wollte nach wie vor, solange Ramin in die Grundschule ging, für ihn da sein, wenn er nachhause kam.

Ich ließ nicht locker, und nach etlichen Bewerbungen fand ich schließlich eine passende Stelle im Nachbarort. Was für ein Glück, ich hatte einen Arbeitsweg von gerademal fünf Minuten von zuhause mit meinem neu erworbenen Auto.

Am Anfang kam ich mit meinen neuen Kolleginnen sehr gut klar. Doch nach drei Monaten fühlte ich mich nicht mehr wohl in dieser Praxis, weil sich herausstellte, dass es mit dem Chef und mir einfach nicht passte. So kündigte ich noch während der Probezeit das Arbeitsverhältnis und schrieb erneut Bewerbungen für eine andere Stelle. Um bis zur nächsten Anstellung weiterhin etwas Geld zu verdienen, ging ich in verschiedene Haushalte putzen.

Leider lief es privat zwischen Oliver und mir auch nicht mehr so gut. Wir waren mittlerweile drei Jahre zusammen und lebten uns immer weiter auseinander. Jeder machte nur sein Ding, und es gab so gut wie keine gemeinsamen Interessen mehr. Nach vielen intensiven Gesprächen und beiderseitigen Bemühungen unserer Beziehung nochmal eine Chance zu geben, stellten wir beide fest, dass unser Zusammenleben keine Zukunft hatte und entschlossen uns zur Trennung.

Es war eine sehr schwere Trennung, da Oliver mir und Ramin überhaupt erst die Möglichkeit geschaffen hatte, aus meinem damaligen Ehegefängnis auszubrechen und einen neuen Anfang zu starten. Ohne Oliver hätte ich es vermutlich nie geschafft, und ich bin ihm bis heute sehr dankbar für seinen Mut und für die Zeit mit ihm.

Ich möchte gar nicht dran denken, wie es gewesen wäre, wenn Oliver mich nicht zu diesem Schritt ermutigt und er mir nicht die Chance gegeben hätte, bei ihm unterzukommen.

So traurig und schweren Herzens die Trennung auch war, es hatte einfach nicht mehr funktioniert. Mir war klar und ich war entschlossen, zukünftig nicht wieder eine Beziehung einzugehen, in der ich nicht sein wollte.

So suchte ich mir mit Ramin eine neue kleine Wohnung, die ich innerhalb eines Monats fand. Die Wohnung war sehr klein, doch sie hatte alles was wir brauchten, war außerdem neu renoviert, und sie war für mich bezahlbar.

Ramin, der mittlerweile zehn Jahre alt war, bekam das größere Zimmer, und er freute sich sehr darüber, es so herzurichten, wie er es gerne wollte. Ich versuchte, ihm jeden Wunsch für sein neues Kinderzimmer zu erfüllen. Meine finanziellen Möglichkeiten erlaubten es mir jedoch nicht, einfach in ein Möbelgeschäft zu gehen und mir neue Möbel auszusuchen.

Bekannte erzählten mir von einem Secondhand-Möbelgeschäft, und da fuhren wir hin. Für unsere neue Wohnung konnten wir uns dort gut erhaltene und sehr günstige Möbel aussuchen, die ich mir auch leisten konnte.

Freunde unterstützen mich ein paar Tage später dabei, die Möbel abzuholen und in die Wohnung zu bringen. Darunter waren auch Olivers Bruder und Schwägerin. Auch wenn ich mit Oliver nicht mehr zusammen war, blieben sein Bruder und seine Schwägerin weiterhin sehr gute Freunde, die wir bis heute noch sind. Was immer ich auch brauchte, sie waren immer für mich und Ramin da gewesen.

Nachdem wir uns in der neuen Wohnung zu zweit eingelebt hatten, fand ich erfreulicherweise wieder eine neue Stelle als Zahnarzthelferin, zwar nicht gerade in der Nähe, aber trotzdem gut zu erreichen.

Zu dem vorangegangenen Bewerbungsgespräch hatte ich Ramin mitgenommen, weil ich zu diesem Termin niemanden gefunden hatte, der auf ihn aufpassen konnte. Das sagte ich vorher meiner neuen Chefin, und sie fand es absolut in Ordnung. Das Gespräch war sehr positiv, und dadurch, dass Ramin mit dabei war, verlief alles in lockerer Stimmung. Gleich am nächsten Tag bekam ich die Zusage, und drei Wochen später fing ich dort an.

Ich fühlte mich von Beginn an sehr wohl, auch deshalb, weil es eine kleine familiäre Praxis war. Bereits nach kurzer Zeit übernahm ich immer mehr Verantwortung, und meine Chefin gab mir das Gefühl und die Bestätigung, sehr zufrieden mit mir zu sein. Wir verstanden uns ausgesprochen gut, und spätestens als meine Chefin und ihr Mann mich des Öfteren zum Mittagessen einluden, wusste ich, dass sie mich mochten und sehr zufrieden mit mir waren.

Zu jeder Zeit konnte ich mich nicht nur zu beruflichen, sondern auch mit privaten Fragen an sie wenden, und sie unterstützten mich immer wieder in allen Belangen. Es waren und sind ganz herzliche Menschen, denen ich begegnen durfte.

Ich genoss die Zeit sehr, während ich mit Ramin allein lebte. Ich war rundum zufrieden mit dem, was ich erreicht hatte, sowohl privat als auch beruflich.

Ramin probierte sich in verschiedenen Sportarten aus. Er fing mit Turnen an, dann probierte er es mit Fußball, und letztendlich fand er im Handball seinen großen Spaß und Ehrgeiz, da immer besser zu werden. Er kam in eine Mannschaft rein, die ihn sehr herzlich aufnahm und ihm das Gefühl gab, schon immer dazu gehört zu haben.

Die Wochenenden verbrachte ich oft bei Ramins Handballspielen, und ich feuerte ihn bei seinen Einsätzen lautstark an. Ramin ging richtig auf in der Mannschaft und fand viele neue Freunde.

Es verging nahezu ein Jahr, und wir fühlten uns richtig wohl in unserem kleinen Nest, welches wir uns aufgebaut hatten.

Eines Tages traf ich zufällig Ramins Handballtrainer Michael beim Einkaufen, und wir kamen gleich ins Gespräch. Wir unterhielten uns über das letzte Handballspiel, und er erzählte mir, wie Ramin sich im Training immer besser entwickelte.

Da wir unsere Einkäufe fortsetzen wollten, beendeten wir leider das kurze Gespräch und einigten uns darauf, uns in Kürze erneut zu treffen um mehr über uns zu erfahren und gemeinsam essen zu gehen.

Bereits am nächsten Tag meldete sich Michael bei mir. Ich war so glücklich darüber, so schnell von ihm zu hören, und wir verabredeten uns für das kommende Wochenende.

Ich konnte es kaum abwarten. Ich spürte die Aufregung in mir und das Kribbeln im Bauch und freute mich sehr auf das gemeinsame Wiedersehen. Bis zu unserem Treffen telefonierten wir fast täglich miteinander und meine Aufregung wuchs jeden Tag ein Stückchen mehr.

Endlich war der ersehnte Abend dann da.

Als ich Michael wiedersah, klopfte mir das Herz so heftig, dass ich dachte, er würde es bestimmt hören. Ich strahlte ihn an, und er erwiderte mit seinem sympathischen Lächeln. Er nahm mich zur Begrüßung sehr herzlich in den Arm, und in dem Moment wünschte ich mir, dass er mich nie wieder loslassen würde.

Es war ein sehr schöner Abend, wir redeten und lachten sehr viel miteinander. Michael erzählte mir von sich und seinen beiden Kindern, wobei ich seinen Sohn schon vom Handball her kannte, da er in derselben Mannschaft wie Ramin spielte.

Ich erfuhr von ihm, dass er sich vor einigen Monaten von seiner Frau getrennt hatte und ebenfalls umgezogen war. Auch ich erzählte einiges von mir, hielt mich aber mit meiner familiären Vergangenheit noch zurück, weil ich Angst hatte, ihn mit der Geschichte zu vergraulen. Ich wollte, dass dieser Abend nie zu Ende geht. Er hörte mir aufmerksam zu und gab mir das Gefühl was Besonderes zu sein.

Als der Abend dann doch zu Ende ging, verabschiedeten wir uns mit einer herzlichen Umarmung voneinander und versprachen, uns so bald wie möglich wiederzusehen.

So kam es dazu, dass wir uns in den nächsten Wochen des Öfteren anriefen oder uns auch verabredeten. Wir kamen uns immer näher, und es war schnell eine Vertrautheit da, immer stärkere Gefühle entwickelten wir zueinander, und wir verliebten uns ineinander.

Nach kurzer Zeit hatte ich das Bedürfnis, ihm von meiner Vergangenheit und meiner Familie zu erzählen. Natürlich fragte mich Michael vorher ab und an nach meiner Familie, aber ich antwortete immer nur kurz und knapp und vermied das Thema erst mal.

Nun hatte ich das Gefühl, dass ich ihm alles anvertrauen konnte und so erzählte ich ihm, was ich hinter mir hatte. Beim Erzählen kam natürlich alles wieder hoch, ich weinte, fühlte mich aber irgendwie befreit, mir alles von der Seele reden zu können.

Bis dahin hatte ich meine Geschichte noch niemandem so ausführlich erzählt, und ich wusste, dass ich das bei Michael ohne schlechtes Gefühl tun konnte.

Er gab und gibt mir immer noch das Gefühl der Sicherheit und Geborgenheit. Bei ihm war ich endlich angekommen, da, wo ich sein wollte. Ohne Angst, ohne Zwang und Unsicherheit mich fallen zu lassen, das konnte ich bei Michael. Nie hätte ich gedacht, auf einen Mann zu treffen, der mich verstand und mich respektierte und bei dem ich so sein konnte, wie ich bin.

Nachdem ich zu Ende erzählt hatte, nahm er mich liebevoll in den Arm, und ich weinte und weinte, mein ganzer Schmerz und die Enttäuschungen wollten aus mir raus, und ich hatte das Gefühl, endlich einen Weg, ein Ventil gefunden zu haben, damit alles herausbrechen konnte.

Vorher habe ich immer nur funktioniert und gemacht, musste stark sein, von A nach B denken und für meinen Sohn da sein. Aber in diesem Moment, bei Michael, gab es keinen Halt mehr, und ich ließ mich in seinen Armen fallen. Ich weiß nicht mehr, wie lange er mich festhielt und ich nur weinte, bis ich mich irgendwann aus seinen Armen löste, wir uns anschauten und ich ihm nur noch *danke* sagte, danke, fürs Zuhören und sein Verständnis.

Unter der Woche trafen wir uns danach oft bei Michael zuhause, am Wochenende waren Michaels Kinder bei ihm, und öfters unternahmen wir auch mal zu fünft etwas Gemeinsames.

Bei unserem ersten gemeinsamen Urlaub waren wir beide sehr aufgeregt, wie es wohl sein würde, mit den drei Kindern und ob alles so klappte, wie wir uns das vorstellen.

Alle Bedenken waren umsonst!

Wir hatten eine sehr schöne Zeit, und es hatte viel Spaß gemacht, den Urlaub miteinander zu verbringen. Alles verlief so schön normal, und ich erwischte mich öfters dabei, wie ich über die vergangene Zeit nachdachte und spürte, wie glücklich doch ein normales Leben verlaufen konnte. Endlich konnte ich aufatmen und das Leben genießen. Ich wusste es sehr zu schätzen, dass das Leben, das ich nun führte, eben nicht normal für mich war. Umso glücklicher war ich darüber, dass ich diese Möglichkeit mit Ramin hatte, so zu leben, was für so viele ganz normal war.

Ich machte mir immer weniger Gedanken über meine Familie und meine Vergangenheit. Ich hörte auf, mich ständig zu fragen, was meine Eltern jetzt von mir dachten oder hielten.

Stück für Stück ließ ich meine Vergangenheit los, und ich wusste, was ich wollte und was ich nicht wollte. Und was ich wollte, war glücklich zu sein, gemeinsam mit meinem Sohn.

Ich spürte, dass ich da angekommen war, wo ich immer hinwollte. Ich wusste, dass mich nichts auf dieser Welt wieder dazu bewegen konnte, ein Leben in Angst und Zwang zu führen.

Alles was ich hinter mir gelassen hatte, verschwand in immer weiterer Ferne. Bis zu dem Tag, als mein Handy klingelte, sich die Polizei meldete und ich von einer Sekunde zur nächsten wieder von meiner Vergangenheit eingeholt wurde.

Kapitel 23

Ein schockierender Anruf

Mein Handy klingelte, und als ich auf das Display schaute, wurde keine Nummer angezeigt. Normalerweise ging ich nie ans Handy, wenn die Nummer unterdrückt war, aus Angst, es könnte jemand aus meiner Familie sein, um irgendwelche Drohungen auszusprechen. Aber in diesem Moment, ich wusste nicht, warum ich es diesmal tat, ging ich dran.

Eine männliche Stimme meldete sich mit den Worten:

„Guten Tag, spreche ich mit Frau F.?"

Ich antwortete nicht sofort, und irritiert fragte ich, wer das denn wissen wolle.

Daraufhin fragte er mich, ob ich die Tochter von Herrn F. sei.

Ich fragte nochmal, wer er denn sei.

Der Anrufer stellte sich nun als Polizeikommissar Franzen vor und sagte, er wolle mir nur was mitteilen.

Mir gingen in dieser Sekunde hunderte Sachen durch den Kopf, was der Grund sein könnte, von der Polizei angerufen zu werden. Warum fragte er mich, ob ich die Tochter von Herrn F. sei? Warum die Polizei?!

Ich beantwortete seine Frage nicht gleich, sondern fragte ihn, was mir die Sicherheit gebe, dass er wirklich von der Polizei ist.

Was, wenn es jemand war, der sich als Polizist ausgab, nur, um mit mir in Kontakt zu treten, um irgendwie an mich ranzukommen, um Rache auszuüben.

Auch wenn mittlerweile fünf Jahre seit meiner Flucht von der Familie vergangen waren, wusste ich, dass die Schande, die ich angeblich über sie gebracht hatte, für sie nie verjährte und es sein konnte, dass sie noch immer voller Wut und Enttäuschung über mich waren.

Mir gingen tausend Horrorszenen durch den Kopf. Mein Herz klopfte so heftig vor Angst, welche Nachricht mich nun wohl erwartete, die der Polizist mir mitteilen wollte.

Der Polizist schien nun selbst irritiert zu sein, warum ich seine Aussage, ob er wirklich von der Polizei sei, in Frage stellte. Deshalb nahm ich meinen Mut zusammen und dachte mir nur, sag ihm, wovor du Angst hast, nur dann kannst du durch seine Reaktion abwägen, ob du ihm weiterhin zuhörst oder auflegst und das Telefonat beendest.

Also erzählte ich kurz und knapp zusammengefasst, dass ich vor fünf Jahren vor meiner Familie geflüchtet war und seither keinen Kontakt mehr zu ihr hatte. Ich versuchte ihm zu erklären, dass ich deshalb nicht einfach durch einen Anruf glauben konnte, dass er wirklich von der Polizei sei, zumal nicht mal eine Nummer auf dem Display meines Handys erschienen war.

Er merkte wohl die große Unsicherheit in mir und schlug vor, mir eine Nummer zu geben, um jetzt im Anschluss unter dieser Nummer zurückrufen und nach ihm zu verlangen.

Ich sagte ihm, er solle mir bitte 10 bis 15 Minuten Zeit geben. Ich war froh über diesen Vorschlag, notierte mir die Nummer, und wir legten auf.

Als erstes versuchte ich gleich Michael zu erreichen und fuhr zu seiner Wohnung. Ich wollte ihm schnell erzählen, was passiert war, doch er war noch unterwegs von einer Dienstreise auf dem Weg nachhause.

Ramin war zum Glück gerade bei einem Freund zum Spielen, so dass er nichts mitbekommen konnte und viele Fragen stellte.

Ich befand mich in Michaels Wohnung, als mein Handy mit der unterdrückten Nummer wieder klingelte.

Erneut der Anruf von der Polizei?

Ein Blick auf die Uhr sagte mir, dass Michael noch etwa eine Stunde zu fahren hatte, bis er endlich zuhause ankommen würde.

Das Klingeln am Handy verstummte wieder.

Ich wartete nervös noch ein paar Minuten und versuchte erneut, Michael zu erreichen. Endlich, er hob ab.

Ich schilderte ihm schnell, welch merkwürdigen Anruf ich bekommen hatte. Michael ermutigte mich, den Polizisten zurückzurufen, um Klarheit zu haben, was passiert war. Es könnte ja sein, dass es etwas war, was ich wissen sollte, und wenn ich nicht zurückrief, dies dann später irgendwann mal bereute, es nicht gemacht zu haben.

So rief ich unter der notierten Nummer zurück, und es meldete sich eine Telefondame des Polizeipräsidiums. Ich war erleichtert, dass das der Wahrheit entsprach, so, wie es mir Herr Franzen versichert hatte.

Auch die Hintergrundgeräusche bei der Frau entsprachen dem eines Großraumbüros.

Ich nannte der Frau meinen Namen und bat, mit Herrn Franzen zu sprechen, woraufhin sie mich sofort mit ihm verband.

Als Herr Franzen am Telefon war, fragte er mich als erstes, ob es so für mich in Ordnung sei, und ich könne ihm ruhig vertrauen. Sollte ich immer noch Zweifel hegen, gäbe er mir gerne die Adresse des Polizeipräsidiums, und ich könne dann auch persönlich vorbeikommen.

Ich sagte ihm, dass das nicht nötig sei und fragte, was er mir denn mitzuteilen habe.

Was er mir dann erzählte und wie er überhaupt meine Handynummer herausgefunden hatte, war für mich so unreal, dass ich nur geschockt zuhörte, ohne einen Ton von mir zu geben, und ich fühlte mich, als stünde ich neben mir, schaute mir dabei zu, wie ich mit einem Polizisten telefonierte, und das, was er sagte, mich so sehr schockte, dass mir übel wurde und ich das Handy fast fallen ließ.

Kapitel 24

Die letzte Begegnung

Ich konnte und wollte es einfach nicht fassen, was ich soeben zu hören bekam. Herr Franzen schilderte mir, dass ein Freund meines Vaters auf dem Polizeipräsidium erschienen war und darum bat, mich ausfindig zu machen.

Natürlich wurde er gefragt, warum sie dies tun sollten, schließlich handelte es sich in meinem Fall nicht um eine Person, die vermisst wurde.

Der Bittsteller erzählte, dass mein Vater im Sterben läge und es sein Wunsch sei, seine Tochter noch einmal zu sehen und zu sprechen. Der Freund meines Vaters hinterließ für mich noch Name und Telefonnummer des Krankenhauses, in dem mein Vater lag.

Der Polizist, der das aufnahm, sagte dem Freund meines Vaters, dass er schaue, was sich tun lasse und wies weiter darauf hin, dass er nicht mitgeteilt bekomme, ob die Polizei die gesuchte Person gefunden und gesprochen habe oder nicht.

Ich war sprachlos und wusste erst mal nicht, was ich Herrn Franzen erwidern sollte. Nach ein paar Sekunden fragte ich nur, woher denn die Polizei meine Handynummer habe. Ich hatte zwar einen registrierten Handyvertrag, aber dieser war nicht unter meinem Namen abgeschlossen.

Herr Franzen fragte mich daraufhin, ob ich mich an den kleinen Autounfall mit einem Taxi vor zwei Jahren erinnern könne, zu dem die Polizei gerufen wurde und bei dem seine Kollegen meine Daten aufgenommen hatten.

Ich konnte mich noch sehr gut daran erinnern, zumal ich die Sache mit dem kleinen Blechschaden ohne Polizei klären wollte, der Taxifahrer aber darauf bestand, die Polizei zu rufen, laut Anweisung seines Arbeitgebers.

Und da ich seitdem meine Handynummer nicht mehr gewechselt hatte, war ich mit meinem Namen und der Nummer bei der Polizei im Archiv registriert.

Herr Franzen sagte dann etwas, was ich nie vergessen werde, weil ich im Nachhinein darüber froh war, dass es durch so einen Zufall zu diesem Anruf kommen konnte.

Er sagte: „Wissen Sie Frau F., Sie können diesen Anruf von mir als Pech oder als Glück sehen. Pech, weil Sie damals diesen Unfall hatten und wir Ihre Nummer gespeichert haben und wir Sie mit Ihrer Familie konfrontieren müssen, obwohl Sie das nie mehr wollten oder Glück, weil Sie diesen Unfall hatten, wir Sie anrufen konnten und Sie die Gelegenheit haben, nochmal Ihren Vater zu sehen, wenn Sie das möchten."

Ja, er hatte recht, nur wusste ich in diesem Moment noch nicht, ob es Pech oder Glück für mich war. Und da ich bisher mit viel Pech zu tun hatte, was in Verbindung mit meiner Familie stand, sah ich es als erstes mal wieder als riesengroßes Pech.

Ich notierte mir den Namen und die Telefonnummer des Krankenhauses, die mir Herr Franzen nannte, bedankte mich bei ihm für seine Zeit und Mühe und legte auf.

Michael war noch nicht da, und ich wusste nicht, was ich tun sollte. Ich war so aufgewühlt und unsicher, was hinterher passieren konnte, wenn ich tatsächlich im Krankenhaus anrief.

Wollte ich überhaupt da anrufen?

Wollte ich meinem Vater seinen letzten Wunsch erfüllen und zu ihm fahren, um ihn ein letztes Mal zu sehen und zu sprechen?

Und warum erst jetzt?

Ich fragte mich, warum es so kommen musste, dass er im Sterben lag und mich jetzt erst wiedersehen mochte.

Ich musste wieder an die Situation denken, als meine Mutter und mein Bruder bei uns auftauchten und meine Mutter mir einen Zettel mit der Nummer des Krankenhauses vor die Füße warf und sie nur ausrichten wollte, dass es der Wunsch meines Vaters war, mich bei ihm zu melden.

Dieser Augenblick wiederholte sich nun in ähnlicher Weise, nur dass diesmal die Polizei und der Freund meines Vaters im Spiel waren und nicht meine Mutter und mein Bruder. Und der entscheidende Unterschied war, dass mein Vater im Sterben lag.

Ich fühlte wieder diesen Druck in mir, den ich bei meiner Familie immer zu spüren bekam. Ich musste mich jetzt entscheiden, sonst war es womöglich zu spät.

Ich rief Michael an und erzählte ihm, was mir Herr Franzen mitgeteilt hatte. Zum Glück war er in der nächsten halben Stunde zuhause, und ich konnte mit ihm gemeinsam überlegen, was ich am besten tun sollte. Ich wollte das nicht alleine entscheiden, ich brauchte die Unterstützung und den Halt von Michael. Ich wollte warten, bis er da war.

Währenddessen grübelte ich über das ganze nach und fragte mich, warum mein Vater ausgerechnet seinen Freund darum bat, mich über die Polizei ausfindig zu machen. War es vielleicht so, dass er den Wunsch bei meiner Mutter und den Geschwistern geäußert hatte, aber diese sich geweigert hatten, ihm seine Bitte, mich zu informieren, zu erfüllen? Schließlich war ich für meine Mutter und den der Rest der Familie schon lange gestorben.

Ich hatte noch ganz genau ihre Worte von damals in meinen Ohren. Und anders konnte ich es mir nicht erklären. Mein Vater war wohl zu schwach, um sich mit meiner Mutter und meinen Geschwistern auseinander zu setzen.

So muss es gewesen sein!

Mein Vater, der sonst immer der Herrscher der Familie war, wo nur sein Wort galt und alle vor Furcht das taten, was er verlangte, mein Vater, der so mal war, war nun zu schwach, um sich diesmal durchzusetzen.

Endlich war Michael da. Wir überlegten hin und her, was ich am besten tun sollte. Es war mittlerweile 17 Uhr 45 und eine Stunde vergangen, seit dem Gespräch mit Herrn Franzen von der Polizei. Michael konnte mir die Entscheidung schließlich nicht abnehmen, ob ich im Krankenhaus anrufen sollte oder nicht.

Er sagte, ich solle es nach meinem Gefühl entscheiden.

Ich war mir so unsicher, mein Kopf sagte, lass es, das kann nur Ärger bringen und schlafende Hunde wecken. Mein Herz sagte, ruf an, es ist dein Vater, egal, was mal war.

Ich war hin und her gerissen, doch schließlich überwog mein Herz mehr als mein Kopf, und um genau 18 Uhr entschied ich mich, dort anzurufen. Es vergingen trotzdem nochmal 15 Minuten, bis ich den Mut fand, die Nummer zu wählen.

Es meldete sich eine Frau von der Telefonzentrale, und diese fragte mich, um was es ginge. Sie leitete das Gespräch dann zur Station weiter, auf der mein Vater lag. Eine Krankenschwester ging ans Telefon. Ich sagte, wer ich bin und dass ich mich nach meinem Vater erkundigen wolle.

Sie war total irritiert und sagte, dass es doch nicht sein könne, dass ich die Tochter sei. Die Tochter sei doch hier am Bett meines Vaters.

Ich erschrak darüber, dass sie anscheinend nichts davon wusste, dass es mich als die älteste Tochter auch noch gab. Aber woher auch. Für meine Familie gab es mich schon lange nicht mehr und deshalb auch keinen Grund, über mich zu sprechen.

Ich erklärte der Krankenschwester, dass ich die älteste Tochter sei und ich durch verschiedene Probleme mit meiner Familie seit fünf Jahren keinen Kontakt mehr hatte. Ich erzählte ihr dann von dem Anruf der Polizei, ohne die ich nicht wüsste, dass mein Vater im Krankenhaus liegt.

Sie war sehr verständnisvoll und sagte, dass sie mir eigentlich keine Auskunft am Telefon erteilen dürfe aber aufgrund dieser Vorgeschichte könne sie mir leider nur mitteilen, dass mein Vater vor 15 Minuten gestorben sei.

Ich sah automatisch zur Uhr und stellte fest, dass mein Vater um 18 Uhr gestorben sein musste, also genau in dem Moment, als ich mich entschieden hatte, nach langem Abwägen, im Krankenhaus anzurufen.

Ich hörte nur noch ein Rauschen in meinen Ohren. Ich hatte das Gefühl gleich ohnmächtig zu werden. Ich krallte mich am Hörer fest und sank zu Boden und ließ, am Boden hockend, den Hörer los.

Michael kniete sich zu mir und hielt mich fest. Mein Kopf fühlte sich unfassbar leer an.

Was sollte ich jetzt tun?

Mein Vater war tot, und ich konnte nicht mit ihm sprechen. Das ganze Geschehene von damals ging wie im Zeitraffer durch meinen Kopf, aber nicht die negativen Dinge, sondern nur die paar schönen Augenblicke, an die ich mich erinnern konnte, als ich noch Kind war. Als ich Kind war und mein Vater mich noch Kind sein ließ.

Ich brauchte ein paar Minuten, bis ich mich wieder etwas gefasst hatte, die Krankenschwester erneut anrief und mich für das abrupte Auflegen entschuldigte.

Es war eine sehr nette und verständnisvolle Krankenschwester, die ein paar liebvolle Worte für mich fand. Sie fragte mich dann, ob ich denn meinen Vater sehen wolle.

Ich bejahte sofort. Ich wusste sofort, dass ich ihn ein letztes Mal sehen wollte. Ja, das wollte ich!

Sie meinte aber, dass ich besser noch etwas warten sollte, bis meine Familie, die noch bei meinem Vater am Bett stand, weg war. Sie möchte vermeiden, dass es eine Begegnung zwischen mir und meiner Familie gab, man wisse nicht, wie sie darauf reagieren würde.

Da musste ich ihr recht geben. Ich musste damit rechnen, dass meine Mutter und meine Geschwister mir die Schuld an der Krebserkrankung meines Vaters gaben. Ich, die ehrlose Tochter, die nur Schande und Verderben durch ihr Handeln über die Familie brachte.

Wir verblieben so, dass sie mich anrief, sobald meine Familie das Krankenhaus verlassen hatte. Sie wusste auch schon, dass mein Vater erst am nächsten Tag vom Bestatter der Moschee abgeholt werden würde. Da wurde mir klar, dass mein Vater in Marokko beerdigt werden sollte und ich nie die Chance haben würde, ihn an seinem Grab zu besuchen.

Doch diesen Gedanken verdrängte ich erst mal, ich wollte jetzt die Chance ergreifen, mich von meinem Vater zu verabschieden. Nicht ein Abschied ins Ungewisse, wie es damals bei meiner Flucht war, sondern diesmal war es ein Abschied für immer, ein Abschied ohne ein zurück.

Es verging Stunde um Stunde, in der mich immer wieder mal die Krankenschwester anrief, um mir mitzuteilen, dass die Familie immer noch da war.

Nach einer gefühlten Ewigkeit, es war auch mittlerweile 23 Uhr, rief sie mich wieder an und teilte mir mit, dass meine Familie nun weg sei. Mein Vater werde runter in die Pathologie gebracht, und ich könne mich auf den Weg machen.

Sie sicherte mir zu, dass sie auf mich warte. Sie hätte zwar schon seit einer Stunde Feierabend, aber das spiele jetzt keine Rolle, sie wolle auf mich warten, um mich zu meinem Vater zu bringen.

Michael und ich setzten uns sofort ins Auto und fuhren eine knappe dreiviertel Stunde bis zum Krankenhaus. Vorher brachte ich noch für Ramin seine Schulsachen bei der Mutter seines Freundes vorbei, wo er diese Nacht, aufgrund der Geschehnisse, übernachten durfte.

Im Krankenhaus angekommen, zitterte ich am ganzen Körper. Ich hatte Angst vor dem Anblick meines toten Vaters. Noch nie hatte ich jemanden tot gesehen, und nun musste es ausgerechnet mein eigener Vater sein.

Wir standen an der Information im Krankenhaus, und mir fiel ein, dass ich noch nicht mal nach dem Namen der Krankenschwester gefragt hatte. Doch als ich mich kurz umdrehte, kam mir eine Frau entgegen, und ich wusste, sie ist es.

Sie kam bei mir an und nahm mich kommentarlos in ihre Arme. Ich weinte, und sie weinte. Ich hatte das Gefühl, als kannte sie mich schon lange und wusste, was ich fühlte und wie es mir in dieser so traurigen Situation erging.

Sie löste sich aus unserer Umarmung und sagte. „Ich habe Ihren Vater schon aus der kalten Pathologie rausgeholt, und sein Gesicht ist unbedeckt. Seinen Kopf habe ich zur Seite geneigt, damit er Sie sieht."

Ich wusste, sie wollte mir den Anblick ersparen, wie sie meinen Vater, komplett zugedeckt, aus der Kühlkammer herauszog.

„Schauen Sie auf sein Gesicht, er weiß, dass Sie da sind. Er hat ein Lächeln auf den Lippen, Sie werden es sehen."

Ich weinte ununterbrochen, hielt mich dabei an Michael fest, und sie führte uns zu meinem Vater.

Als sie die Tür zu dem Kühlraum öffnete und ich die ersten Sekunden meinen Vater so da liegen sah, gaben meine Beine nach. Ich brach zusammen und wollte das alles nicht wahrhaben.

Warum musste das alles so passieren?

Warum?

Michael half mir wieder hoch und hielt meine Hand. Die Krankenschwester fragte uns, ob sie uns allein lassen könne. Wir könnten uns so viel Zeit nehmen, so viel, wir wollten, sie warte draußen auf uns.

Ich versuchte, mich etwas zu beruhigen und trat näher an meinen Vater heran. Ich erkannte ihn kaum wieder. Von dem großen, kräftigen Mann war kaum noch was übrig. Er war gezeichnet von der Krankheit, doch ich versuchte das auszublenden. Ich wollte ihn so in Erinnerung behalten, wie er aussah, als er gesund war. Ich schaute auf seine Mundpartie, und die Krankenschwester hatte recht, er hatte tatsächlich ein Lächeln auf den Lippen.

Ich spürte, dass er mich sah, ich wusste nicht warum, aber ich spürte es. Ich trat noch näher an ihn heran, berührte seinen Arm und fing wieder an zu weinen.

Was für ein schrecklich trauriges Gefühl sich in mir ausbreitete, das konnte ich nicht in Worte fassen. Ich stand nun da und sah meinen Vater nach fünf Jahren tot wieder. Keine Chance hatten wir gehabt, uns mal auszusprechen und Frieden zu schließen.

Ich sah ihn an und fragte ihn auf marokkanisch, warum Papa, warum hast du nicht früher den Weg zu mir gesucht. Papa, warum nicht?

Aber ich wollte die kurze Zeit, die mir noch mit ihm blieb, nicht mit unbeantworteten Fragen verbringen.

Ich streichelte nochmal über seinen Arm und sagte zu ihm: „Papa, es ist geschehen, was geschehen ist, und ich verzeihe dir! Ich weiß, dass du im tiefsten deines Herzens nie wolltest, dass es so weit kommt. Ich weiß, wie sehr du mich geliebt hast, und ich hoffe, du weißt, wie sehr ich dich geliebt habe. Und sollte ich in deinen Augen irgendetwas falsch gemacht haben, dann bitte ich dich um Verzeihung. Ich verzeihe dir und du verzeihst mir."

Dann nahm ich meine Hände zum Gebet und sagte eine Sure, einen Gebetsabsatz, aus dem Koran vor. Dabei flossen mir die Tränen trotz meiner geschlossenen Augen ununterbrochen über meine Wangen.

Michael stand die ganze Zeit hinter mir und nahm mich nun wieder in seine Arme und hielt mich ganz fest, während wir meinen Vater das letzte Mal ansahen und ich endgültig für immer Abschied nehmen musste.

Kapitel 25

Epilog

Die folgenden Tage waren für mich sehr schwer. Ich konnte nur langsam begreifen, was passiert war.

Meinen Vater nie wieder zu sehen, nie mehr die Chance auf eine gemeinsame Aussprache zu haben, das war sehr, sehr schmerzhaft für mich. Und doch war ich froh, ihn wenigstens ein letztes Mal gesehen zu haben und dass ich mich von ihm verabschieden konnte.

Ich hatte meinen Frieden mit ihm geschlossen, und das war mir wichtig. Ich fühlte mich auch irgendwie befreit von all den negativen Gedanken, die ich über meinen Vater hatte. Ich besann mich nur noch an die schöne Zeit, die ich als Kind mit ihm verbracht hatte, als alles unbeschwert und gut war. Ich hatte meinen Seelenfrieden gefunden.

Ich wusste, dass es nicht in Ordnung war, was mein Vater mit mir gemacht hatte und von mir verlangte, aber er war nun mal mein Vater, und ich habe ihn, trotz allem, geliebt. Ich habe ihm verziehen und war mir gewiss, irgendwann würden wir uns wiedersehen.

Dadurch, dass mein Vater in Marokko beerdigt wurde, war für mich vorherzusehen, wie schwierig es sein würde, sein Grab zukünftig überhaupt mal zu besuchen.

Ich weiß bis heute nicht genau, wo er liegt und ob ich irgendwann mal beabsichtige, in meine Heimat zu fliegen und meinen

Heimatort aufzusuchen, um das Grab meines Vaters zu sehen. Das kann ich jetzt noch gar nicht sagen.

Ramin hatte ich vom Tod seines Opas erzählt, und er nahm es sehr gefasst auf. Er war damals aber noch viel zu klein, und bis heute ist so viel Zeit vergangen, um sich genau an seinen Opa erinnern zu können.

Bis heute kann ich auch nicht sagen, ob der Rest meiner Familie weiß, dass ich bei meinem Vater im Krankenhaus war und von ihm Abschied genommen habe.

Jahre sind nun vergangen, und ich habe nichts mehr von meiner Familie gehört noch gesehen. Den Mut, selbst zu meiner Mutter zu fahren oder meine Geschwister aufzusuchen, den habe ich bis jetzt nicht gefunden. Und solange ich nichts von ihnen höre, ist es gut so, auch wenn es schmerzhaft für mich ist, zu wissen, dass es sie doch gibt, ich jedoch für sie nicht mehr existiere.

Ich bereue meinen Schritt keineswegs, im Gegenteil, ich bin froh, dass ich diesen Weg gewagt und es sozusagen auch geschafft habe. Kein Mensch ist es Wert, sich unterdrücken zu lassen, sein Leben nach anderen zu richten und nicht selbst bestimmen zu können.

Mir geht es heute, nach allem, was ich, was wir, hinter uns gebracht haben, sehr gut.

Mit Michael habe ich endlich einen Mann gefunden, der mich so nimmt und akzeptiert, wie ich bin. Ich bin sehr glücklich mit ihm und dankbar, ihn gefunden zu haben. All die Sicherheit, Geborgenheit und Liebe, die ich gesucht habe, habe ich bei ihm gefunden, und ich möchte ihn nie wieder loslassen.

Gemeinsam, zu dritt, wohnen wir im Elternhaus von Michael. Michaels Eltern nahmen Ramin und mich von Anfang an sehr herzlich auf, und sie geben uns jeden Tag das Gefühl zur Familie zu gehören.

Ich bin so dankbar für so wundervolle, liebe Menschen. Für Ramin und mich sind sie zu unserer neuen Familie geworden.

Ramin ist mittlerweile 20 Jahre alt, und er genießt sein Leben. Wir haben ein sehr inniges Verhältnis zueinander, und ich bin glücklich, meinen Sohn zu haben.

Er ist der Grund für alles, was ich getan habe. Er gab mir damals die Kraft und den Halt, für den gefährlichsten Schritt in meinem Leben.

Vor kurzem kam ich ohne Vorahnung von der Arbeit nach Hause, und Ramin überraschte mich mit etwas ganz Besonderem. Ich war total gerührt und ergriffen, dass er das gemacht hat.

Die große Verbundenheit, die wir zueinander haben, hat er sich auf seiner Haut verewigen lassen. Er ließ sich den Satz, den er mir damals, als Fünfjähriger, bei unserer Flucht sagte, auf seinen Oberarm tätowieren, mit einem Adler, als Zeichen der Freiheit.

Auch ich wollte ihm diese Verbundenheit zeigen und ließ mir die gleichen Worte für immer auf meinem Arm verewigen.

In diesem einen Satz steckt so viel Wahrheit, Liebe und Glück. Es war der Satz, der mir damals schon sagte, ich habe alles richtig gemacht.

„Egal was passiert, Hauptsache wir bleiben zusammen."

Danksagung

Manchmal, in ruhigen Momenten, denke ich über all das nach, was ich hinter mir habe und kann es heute noch nicht so richtig realisieren, dass ich das alles geschafft habe.

Während ich dieses Buch geschrieben habe, musste ich oft innehalten, und tausend Gefühle kamen in mir hoch. Einerseits eine tiefe Traurigkeit, dass es alles so mit meiner Familie kommen musste und anderseits die Freude, dass ich es geschafft habe, so zu leben, wie ich jetzt lebe.

Ich bin unendlich dankbar, diese Chance bekommen zu haben, aus allem entfliehen zu können, was mir nicht guttat. Oft denke ich darüber nach was wäre, wenn ich diesen einen Schritt nicht gewagt hätte, was wäre, wenn ich heute noch bei meiner Familie leben würde. Ich wäre mit einem mir fremden Mann verheiratet, dürfte keine eigenen Entscheidungen treffen, wäre verschleiert und nur zuhause. Mein Leben wäre fremdbestimmt, und ich wäre nicht die, die jetzt bin. Auch bin ich mir sicher, dass mein Sohn nicht so wäre, wie er jetzt ist. Wäre er bei meiner Familie aufgewachsen, hätten wir sicherlich nicht so eine innige und vertraute Beziehung zueinander.

Ich habe meinen Sohn mit viel Liebe und gegenseitigem Respekt erzogen. Habe ihm beigebracht, dass jeder Mensch was wert ist, egal ob Mann oder Frau und dass er jedem mit Respekt entgegentreten soll.

Und ich glaube, dass mir das sehr gut gelungen ist.

Mit diesem Buch möchte ich jeder Frau zeigen, dass es sich lohnt zu kämpfen und es niemand verdient hat, sein eigenes einziges

Leben für irgendjemanden aufzugeben. Niemand soll sein Leben fremdbestimmen lassen.

Ich sage nicht, dass es leicht ist, aber ich sage, dass es sich lohnt, mit jedem Stein, der einem in den Weg gelegt wird, sich daraus was Schönes zu bauen.

Ich möchte *Danke* sagen:

- meinem Sohn: dass du es mir emotional so leicht gemacht hast, die Flucht zu überstehen. Du hast mir immer das Gefühl gegeben, das richtige getan zu haben. In deinen jungen Jahren hast du immer schon gespürt, ob es mir gut oder schlecht ging, und das ist heute noch so. Danke, dass du so bist, wie du bist und du mir die Kraft und den Sinn gegeben hast, dass mein Leben, unsere beiden Leben es wert waren, zu kämpfen. Danke! Du bist mein ein und alles. Ich liebe Dich! Egal was ist, du kannst immer auf mich zählen.

- Meinem Papa: auch wenn du nicht mehr da bist, möchte ich auch dir Danke sagen. Ich habe viel unter dir gelitten, aber trotzdem bin ich dir dankbar, dass du den letzten einen Schritt gemacht hast, um mich ausfindig zu machen, um mich sehen zu wollen. Leider war es zu spät, und wir konnten nicht mehr miteinander sprechen, aber ich bin aus tiefstem Herzen dankbar, dass ich mich von dir verabschieden konnte. Somit habe ich meinen Seelenfrieden mit dir geschlossen. Ich habe keine Wut mehr auf dich, ich weiß, dass du mich geliebt hast aber es nie so richtig zeigen konntest. Du bist und bleibst immer mein Papa, und ich werde dich immer in meinem Herzen tragen. Irgendwann werden uns wiedersehen, und ich weiß, dass du mich dann ganz fest in deine Arme nehmen wirst. Ruhe in Frieden, Papa.

- Oliver: ohne dich hätte ich nie diesen Schritt der Flucht gewagt. Du hast mir den Mut gegeben, den ich dazu gebraucht habe. Danke dafür, und danke, dass ich dich kennenlernen durfte. Ohne dich wäre ich jetzt nicht da, wo ich jetzt bin.

- Oliver`s Bruder und Schwägerin: Danke, dass ihr immer für mich da wart, mich immer wieder aufgebaut habt, wenn es mir nicht gut ging. Danke, dass eure Tür immer für mich und Ramin offen war und heute noch ist. Danke.

- Meine Freunde: Danke für eure Unterstützung und eure Hilfe, wenn ich euch gebraucht habe. Danke, dass ihr mich so nimmt wie ich bin. Ihr bereichert mein Leben, jeder einzelne von euch.

- Polizei, Behörde und meine Anwältin: Wenn es sie nicht gäbe, wüsste ich nicht ob, ich es soweit geschafft hätte. Wäre ich in Marokko, hätte ich nie so eine Unterstützung bekommen, wie ich sie hier in Deutschland bekommen habe. Danke dafür.

- Michael`s Eltern: Danke, dass ihr mich und Ramin so herzlich in der Familie aufgenommen habt. Ihr gebt uns jeden Tag das Gefühl zu euch zu gehören. Ihr seid unsere neue Familie geworden. Danke, dass ihr immer für uns da seid. Ihr seid so herzliche, liebevolle Menschen. So wie ihr für mich immer da seid, so werde ich immer für euch da sein. Danke für alles!

Und zu guter Letzt gilt mein Dank an meinen Michael, für den liebevollsten Menschen, den ich kennenlernen durfte. Ohne deinen Zuspruch hätte ich nie den Mut gefasst, dieses Buch zu schreiben. Nie hätte ich gedacht, einen Mann wie dich kennenlernen zu dürfen.

Du schenkst mir so viel Liebe und Geborgenheit, dass ich mein Glück kaum fassen kann. Du nimmst mich so, wie ich bin, mit allen Höhen und Tiefen. Du hältst mich immer fest und gibst mir Kraft, fängst mich auf, wenn ich traurig bin und lachst mit mir, bis mir die Tränen kommen. Ich schätze es so sehr, dich zu haben. Du respektierst mich und gibst mir die Freiheiten, die ich brauche.

Danke, dass du mich liebst und ich dich lieben darf!

Danke, dass du so bist, wie du bist.